# ダメな商店街を活性化する8つのポイント

鈴木健介 著

〈まえがきに代えて〉
# 売り場をつぶせ　買い場をつくれ

どんな不況下であっても、活性化し続ける小売店や商店街は必ずあります。

逆に好況時であっても、寂れていく小売店や商店街もあります。

この違いはどこにあるのでしょうか？　それを明確にして、小売店・商店街、すなわち街角に元気を取り戻していただく具体的方法を記すのが本書の目的です。

活性化させるポイントは「売り場をつぶして買い場をつくる」ことに尽きるでしょう。商店街は販売店のつながりでできており、売り場をどうつくるかに腐心されている方々に「何を言っているのか」とお叱りを受ける覚悟で、あえて「売り場をつぶせ」と申し上げているのです。

なぜなら「**売る側の目線**」で店頭に立っている限り、郊外にできた大型店や道行く人たちの高齢化など、その目に**見えるものすべてをマイナス要因**として捉えてしまうからです。

「売り場」は、売る側に立って考えられている「意思の表れ」ですが、言い方を変えれば**売る側**の論理が**優先**され、**買う側**の論理が**無視**されています。もっとはっきりいえば、買いたいモノが買いたい価格で売られるのではなく、売りたいモノを売りたい価格で並べているのが売り場なのです。

これでは売れなくて当然です。小売業者は自分の意思を店頭に表すのではなく、消費者の意思である、「買いたいモノ」を「買いたい価格」で店頭に表すことによって売上を伸ばすことができるのです。

これが、「売り場をつぶして買い場をつくる」という文言に集約されています。

今まで20年以上にわたって全国の商工団体から招聘され、各地で講演やセミナー活動を行ってきました。そしてその都度、行く先々の商店街を訪問してきたのです。そして冒頭に記したように、「不況下であっても活性化しているところと、好況下でも寂れていくところがある」のを目の当たりにしました。

ということは、経済社会に大きな変動があっても、そんなことはものともせず元気に生きる逞しさを、街角は秘めているということなのです。

その逞しさは何から生まれるのでしょうか、また寂れる原因はどこにあるのでしょうか。

それはざっくりといえば、**「変化に逆らわない」**ところから**逞しさ**が生まれ、**「変化を認めまい」**とするかたくな思いが**寂れる**原因となっています。

また別の言い方をすれば、条件の悪い逆境で耐え抜いた商店街は不況時にも賑わい続け、恵まれた環境で営んできた商店街は不況に弱いともいえます。

バブルの破綻以降、経済は20年近く低迷を続けた結果、シャッター通り商店街は増え続け、個人商店は衰退を続けてきました。

その理由を、近くに開店した大型ショッピングセンターや消費者動向の変化、また後継者問題にして、半ば諦めているのが現実です。

彼らは、消費人口の減少とか消費力の減退などと、もっともらしい理由付けをしていますが、これらは重要なマイナス要因ではありません。

街角から人が消え、商店街がシャッター街と化したのは「経済の低迷」と「郊外にできた大型ショッピングセンター」だという理由づけは納得できるでしょうか？

否、経済環境の悪化や大型店舗はごく小さな理由にしかすぎません。

なぜならどんな環境下であっても、買い物客で賑わっている商店街は、必ずあるからです。

北関東へ講演に行った時のことです。駅前通りにあるホテルへチェックインしました。ホテルの経営者が話しかけてきました。

「駅前通りがご覧のようにほとんど人が通りません。あそこの空き地に大きなスーパーがあったのですが、6年前に撤退したあとは空き地のままで、この通りからも人が消えたのです。何とかならないでしょうか」

いつものごとく聞き返しました。

「こうやって拝見しますといくつかの店舗が見えますが、社長が何か欲しいと思ったとき、ここの店舗で買いますか？」

「いや、他所へ行きます」とのことでした。同じ商店街の人が魅力を感じない商店街に、どうして他所から買い物に来てくれるでしょうか。

来る途中に量販店があったことを思い出し、様子を見にいきました。

「街から人が消えた」と聞いていたのですが、店内は大勢の客で込み合っているのです。消費人口は十分すぎるくらい、この街にはありました。この量販店の向かい側にも2軒の量販店が並び、いずれも繁盛しているのです。

同じ経済環境下にあって一方は儲けて躍進し、あと一方は社会に責任を転嫁しながら破綻に向かってしまう。

この現実を受けとめ、理由を考えなければなりません。

消費人口の減少が理由というならば、日本の総人口が8千万人だった頃には、また初任給が5000円だった頃には、商店街は成り立っていなかったことになります。しかしその頃であっても商売は成り立ち、発展をとげるところはたくさんありました。

経済の低迷が原因だというならば、すべての事業者が破綻していなければなりません。

大型ショッピングセンターが原因ならば、スーパーと軒を並べる商店街は存在しないことになります。

こうした責任を転嫁させる思考では、問題を捉えることはできず、解決策は見えません。

街角から人が消え、商店街が衰退していく理由は決して難しいことではなく、簡単な「客の遠のいた理由」を理解し改善を繰り返しているか、「誰かのせい」にしているかの違いだけなのです。

何度もいいますが、この不況下に平日でも1万人以上、休日になると2万人前後の人で混み合う商店街があるのも現実なのです。

「景気の悪化」「消費人口の減少」「大型店舗の進出」などと衰退の理由付けを口にしている人たちは、平日でも1万人以上が訪れる事実に対して、どんな言い訳をするというのでしょうか。

不況でつぶれる事業と儲ける事業、シャッターを閉め続ける商店街と活気にあふれる商店街。同じ経済状況下においてどうしてこんなにも相反する結果になっているのでしょう。

そこには単純な「理由」があるのです。

ここまで読んでこられたあなたは、もうその理由に気づかれたかもしれません。

病気の治療は起因の判断を間違えますと治療の効果がなく、病状を悪化させてしまいます。事業も同じで「なぜ、そうなったのか」を明確につかまないと、ピント外れの改善策を繰り返すことになり、その効果を期待することはできません。

すなわち **「現実」から目を背けてはいけない**のです。

本書では最初にその「理由」を明確にしていきます。「病気」の原因をはっきりと見つける作業になります。現実を正面から見据えますと問題の原点が見えますから、対処方法を考えることができるのです。

そして後半では、それぞれの原因に対する「治療法」を記しています。

街角に人を呼び戻し、商店街を活性化させることは、決して難しいことではありません。誰でも本書を読んで行動すれば「儲ける力」が身につき、勝ち組に仲間入りすることができるのです。

アメリカも日本も政権が変わり、変革の時代を迎えました。

次々と打ち出される新しい政策に対し、テレビのコメンテーターは「できる」「できない」と激論を交わしていますが、こうした次元で考えていては実現できません。

街角に人を呼び戻す「治療法」についても同じで、「できる」「できない」で読み進んでいたのでは、何回読み返していただいても、実現させることは無理です。

新たな提案やここで記す「治療法」を実行するためには、「**やる**」**ことを前提**として、どんな困難が立ちはだかろうが、「**どうしたらできるか**」を考え、**行動**に移さなければなりません。

「できない」と答える人は、「できない」のではなく、「やってほしくない」「やりたくない」と思っているのです。ですから実現させるための方法を考えようとしません。

どんな問題であっても、当事者が協力し合えば解決不能なことはないのです。

街角から人が消えた「理由」は、コロンブスの卵に等しいともいえるでしょう。

読めば「なんだ、そんな簡単なことか」と思うかも知れません。

単純なことだから多くの経営者は「重要なポイント」とは気づかず、また気づいた人は行動に移しやすく、事業を活性化させているのです。

そしてやる気のない人は、「できない」と答えて考えようともしません。

経済に関する問題は難しく捉えれば捉えるほど、解決策は見えにくいですが、単純に捉えれば解決策は簡単に見えてきます。

「治療法」を見て行動に移すか、難しく考えて立ち往生するかはあなたの勝手といえば勝手ですが、願わくばあなたの街角にも人が戻り、商店街を活性化させていただきたいと思っています。

私のセミナーではこの「理由」を、高齢者や経済学を知らない人たちにも理解していただけるように、難しい言葉を避けて話しています。その結果、受講者が帰る頃には、「今から何をやるか」を明確に自覚して「必ず街角に人を呼び戻す」と、表情には明るさが戻っているのです。

本書はセミナーの内容をより詳しく述べており、読み進むうちにあなたも自信を回復するでしょう。自信とは「自分を信じる」ことです。自分ならば必ず「客を呼び戻すことができる」と信じて、本著で説く「理由」を行動に移してください。

受講者の中には「あらゆるセミナーや講演会に参加し、多くの書物も読んでいる」という経営者がいます。にもかかわらず、その方の事業は業績が芳しくないのです。なぜでしょうか？

それは「頭デッカチ」になっているだけで「行動に結びつけていない」からなのです。

自ら行動を起こすのは大変な勇気がいります。しかし、今踏み出すその一歩は必ず大きな見返りを与えてくれるのです。

今までもさまざまな機会に「3つの勇気」を提唱してきました。しかしここではあと一つ「信じる勇気」を加えます。すなわち「現実を見る勇気」「後ろに下がる勇気」「前に進む勇気」、そしてこの「信じる勇気」です。

本書を手にしたあなたは、必ず商店街を活性化する中心的人物になれます。それを信じて行動に移ってください。

# 目次

# 第1章

# 商店街が活性化する3つの条件

何かを始めるきっかけ（動機づけ／モチベーション）は、自分なのか、第三者なのかの違いはあっても、「要求」に応えることによります。

いつの間にか自然に始まっても、時期を決めて意識的に始めても、「何か」の要求に応えた結果なのです。

始めたことが途中で頓挫したり、思い通りにいかなくてダメになったとしたら、その理由は「意思が弱い」か、要求していた「何か」が要求しなくなったことになるのです。

それを再度始めよう（再起／よみがえる）とするならば、ダメになった理由をクリアにしなければなりません。

商店街も同じで、衰退していったのならば、その理由を明確にして解消することから、その作業は始まります。

「その理由」とは活性化の3つの条件、「やる気がある」「消費者がいる（顧客をつかんでいる）」「一致団結できる」のいずれかが欠けてしまったことになります。

# 1 やる気があるか

どの商店街もそれを経営しているのは、2代目3代目の承継者か、あるいは高齢化した創業者になります。

承継者の欠点は放蕩ではなく、「創業者／先代の偉業」を守ろうとすることによって、萎縮してしまうか、先代を乗り越えようと身の丈以上の挑戦をしてしまうことです。

挑戦ならばまだ救えますが、守ろうとする考えは保守的になり、現状維持ができなくなってやる気をなくしてしまいます。

商売においての「守り」は、衰退を意味するのです。

## ○世代差を超える

高齢になった創業者と若い承継者の、長所短所を対比してみますと、高齢者の長所は経験豊かで知識もたくさんあります。しかしこれが欠点となる場合が多いのです。

たとえば、若い世代が何かに挑戦しようとすると、過去の経験から得た失敗の記憶がよみがえり、行動に移る前に否定しようとします。

また歳を重ねるにつれて「挑戦意欲が失せる」「知らないことに対する警戒心が強くなる」「全体よりも個の安全を求める」など後ろ向きの考えが多くなりますから、結果的にやる気を失せさせています。

では、若い承継者の場合はどうでしょうか。

若者の欠点は経験不足によって、思いついたことがすべてであるかのような思いに陥りやすいことですが、多少の失敗には負けないエネルギーがあります。

年代層が幅広い商店街でそれぞれが「やる気」を保つためには、年輩者は若い世代の意見を頭から否定せず、それを「実行させるためにどう協力できるか」を考え、若い世代は常に年輩者の意見を聞いて、「失敗を防ぐ方法」を考えることだと思います。

互いを立て合うことなのですが、さまざまな意見を取り入れるのではなく、活性化するために必要な防波堤として、得られた意見を活用することがヤル気を起こすもととなります。

## ○「なぜ?」を繰り返す作業

では「やる気」は何から生まれていたのでしょうか?

それは「儲ける」「よい生活をする」「〇〇には負けない」といったような、夢と負けん気が「やる気」を起こさせ、支えていました。

話をする機会のあった店舗経営者はみな、「客がいなくなった」からやる気がなくなったといいますが、これは「鶏と卵」と同じでどちらが先ともいえません。

すなわち客が来なくなったからやる気が失せたのか、やる気がないから客が来なくなったのかという堂々巡りになってしまうのです。

しかしビジネスを展開している以上、**どんな状況であってもその理由は自分にある**と考えなければなりません。業績を上げる基本は取引先や消費者を「自分に振り向かせる」「自分に興味を持たせる」ことにあるからです。

やる気をなくした理由が多ければ多いほど、解決策は見えています。その理由を、一つずつ解決していけばよいのです。

たとえば、客が来なくなったからやる気をなくしたとすると、「なぜ来なくなったのか」を考えましょう。

その答えが「郊外に大型店ができたから」となったら、「なぜ大型店には客が行く」のか、理由を考えるのです。

「大型店には欲しいものが適正価格で揃っている」としたら、商店街は対応できているか分析しましょう。できていないとしたら、なぜ商店街には欲しいものが不足しているのか考えるのです。

定期的に消費者動向を調査し、商品や売り方を変えてこなかったことがわかります。ここまでわかれば、商店街を再生するためにどうすればよいかわかりましたね。

このように、思いついた理由に何度も「なぜ?」を繰り返しましょう。するとその結果、消費者が来ない理由が明確になりますから、その「理由」を覆せばよいのです。

その行動を起こすか否かは、ビジネスの原点である「欲を持つ」ことを明確にすること以外ありません。そして「他人と違う行動」を起こすことです。

ここでいう「他人と違う行動」とは、「大型店とは違う魅力を売り物にする」ことです。

## ○他人と違う行動を起こす

他人と違う行動を起こせば、結果が早く見えてきます。結果が見えれば、誰でもやる気を起こすのです。

日本人がやる気をなくした一因は、「楽して」「ほどほどの生活」ができればよいと考えるようになったところにあるのではないかと推察します。

日本がめまぐるしく経済発展をしていた頃、アメリカは追い越されるのではないかとの危惧を感じました。そのため少しでも速度を緩めさせようと「働き蜂」などと揶揄し、休みを多くとるよう勧めてきました。日本政府はそれを政策に取り入れ、休祭日をどんどん増やしたのです。

誰でも「楽して」生活ができれば、それに越したことはありません。人以上にがんばることが「カッコ悪い」と思うようになった頃、バブル経済が破綻し長引く不況が始まりました。

しかし法整備された先進国（？）である日本は、不況に突入しても休みを減らすどころか、法律によって労働時間を制限し続けました。

その結果、勤労の機会をなくし勤労の対価も制限されて、事業所にも商店街にもやる気をなくした人が増えていきました。

**他人と違う行動を起こす機会がなくなっていった**のです。

周りと違う行動を起こすことによって、やる気を持ち続けた例を話しましょう。

50年ほど遅れて、中国人はアメリカに移住し始めました。

しかし先に移住していたアングロサクソンなどヨーロッパ人は、アジアからの移住者を「使用人」としてしか扱いませんでした。

そこで中国人は彼らに勝つためにどうすればよいか考えました。

ヨーロッパ人の多くはキリスト教徒で6日働いては1日休む。1日の労働時間はキリスト教の教えに従い8時間。

ならば自分たちは、毎日その倍の時間働こう。そうすれば25年で彼らに追いつける。ヨーロッパ人は9時から17時まで働いて得た金を18時から浪費する。なら、自分たちは18時から、彼らの浪費する金を受け止めよう。

まさに「彼らの浪費する金を受け止めよう」との発想は、商店街が持ち続けなくてはならないことだと思います。

こうして中国人は衣・食・歓楽の分野を中心にして、ヨーロッパ人の倍以上働き続けました。

努力した結果は実り、目的どおり25年後には確固たる地位を確立していったのです。二代目はこうした移住者と一緒に努力してきましたから、この努力を引き継ぎ、アメリカにおける中国社会は揺るぎませんでした。

今、三代目から四代目の時代となり、彼らも自分たちの民族性を守ることよりも、アメリカ社会にとけ込むことを良しとするようになりました。すなわちキリスト文化で生活することです。

ヨーロッパから移住してきた人たちと同じように、1日8時間働き、日曜日は仕事をしなくなっていったのです。それにつれて経済社会における影響力は、徐々に弱まっていきました。

若い世代はやる気をなくし、それにつれて働かずに利権をあさり、快楽を求めるチャイニーズマフィアが台頭してきました。

危機を感じたグループは、原点に戻る運動を始めました。

祖先が移住した頃の目的を取り戻そうとしたのです。それは「ヨーロッパ人に負けない」目標と、彼ら以上に儲ける「欲」を失わないことでした。

努力なくして成功はあり得ません。

努力は欲によって生まれます。

成功を目指す志が、やる気を生むのです。

## 2 消費者が見えない

先ほども記したように、経営者のほとんどは業績の悪化原因に「客がいなくなった」といいます。

そんなバカな!「ではあなたは生活に必要な品物を買っていないのですか?」と問いかけるのです。なぜ商店街に客が来なくても、郊外のショッピングセンターには大勢の客がいるのでしょうか?

というより、「客がいなくなった」という発想そのものがおかしくないですか?

だって郊外のショッピングセンターには客が来ているのです。

客がいなくなったのではなく、「自分のところに来なくなった」のです。

消費者はいます。たくさんいます。今の日本でも1億2千万人の消費者がいるのです。

言葉でごまかしては解決策が見えてきません。

よみがえるための3つの条件の2つ目「消費者がいる」ことはクリアされています。

やるべきことは、自分のもとへ来ない消費者を、自分のもとへ呼び込むことなのです。

## 3　一致団結できるか

よみがえるための3つの条件の最後は、商店街が一致団結することになります。

経済全体に元気があるときは、多少の犠牲や出費を強いられても協力しあうことができました。

しかし不況が長引くにつれ、どの経営者にも周りのことを気遣うゆとりがなくなってきたのです。そこで、この状況を打破するにはどうしたらよいのか考えてみましょう。

商店街は商業者組合で、同じ目的に向かって協力し合っているはずですが、衰退していく商店街では、その目的が遂行されていません。

それは、「あの店は閉店したけどウチはなんとかやってるよ」という商店街を構成する経営者の言葉で象徴されます。

## ○商業組合（商店街）とは何か

元来組合は「目的を一つとする」ものが集まって「助け合って共存＝互助」するための組織です。

組合といえば、代表的なのは農協や漁協（現在の法制化の下に維持されている利権組織ではなく、元来の目的で存在した農・漁業互助組合）になりますが、この2団体と商店街とは根本的に目的が違います。

農・漁業組合の起こりは、「作業の共有・利益の分配」になります。繁忙期にはみんなで助け合って作業（危険の共有）し、得た利益はみんなで分配していたのです。

今でもこの互助意識が基本にあり、家族が少なかったり病気であっても、その集落で協力し合って「共に生き」ています。

では商店街はどうでしょうか。

目的は一つ、「消費者の共有」として興っています。

漁業のように荒波から船を守ったり、命をかけて作業を行う危険の共有はありません。

また農業のように種付けや収穫を、労働提供で互助することもありません。

共同で作業することといえば、大売り出しなど催事くらいのことでしょう。

こうした共同作業には危険の共有もなければ、労働提供の互助もありません（役員など多少の労働提供はあっても義務意識が強く互助意識はない）ので、つながりが薄く、危機に直面してもなかなか一致団結には至らないのです。

作業の共有がありませんから、利益の分配もありません。才覚のある者が多くの利益を得て、商才のない者は慎ましやかに営むという競争社会がベースにあります。

ですから一致団結して危機に対処しなければならないことがわかっていても、総論賛成各論反対となります。

なぜなら**「作業の共有・利益の分配」が基本にありません**から、その問題提起には賛成していても、**各論になると「自分の利益」を先に計算してしまう**からです。

いま一致団結して事にあたれない理由を明確にしました。

問題が明確になったということは、解決策が見つかったことになりますから、解決して一致団結を目指しましょう。

団結できない理由は、何かにつけて「自分の利益」を優先することが一番の問題であることがわかっていただけたと思います。ならば、**自分の利益は二の次であることを、納得すれば解決できる**のです。

**○商売の基本**

商売の基本は**自分が儲ける前に、周り（取引先や消費者）を儲けさせる**ところにあります。自分が儲けるためには（売る）、周りの客となる人が儲かっていなければ無理なのです（買えない）。

商売を成功させるための方程式は、近江商人の家訓にあるように、「**客よし**」（客が喜んでくれて）＋「**社会よし**」（世間が信頼し）＝「自分よし」（**その結果として自分に利益が入る**）になります。

「自分よし」（自分の利益を優先する）を先に挙げてしまうと、客の食べ残しを客に出した船場吉兆や食肉偽装の雪印食品、ミートホープのように、客や世間の信頼を裏切ることを悪いと思わなくなってしまい、一時期は儲けたつもりであっても、最終的には破綻することになるのです。

商店街を構成する店舗の経営者が、**「自分が儲ける前に儲けさせる相手」**とは誰になるのでしょうか？

それは自分が営業している**商店街そのもの**になります。いくら自分の店を魅力的に作り替えても、その商店街に魅力がなければ客は立ち寄りません。

商店街そのものを作り替えるとしたら、個よりも全体を考え「作業の共有」を担わなければなりません。その結果は明確に「利益の共有」として自分に反映されるのです。

## ○「作業の共有」は消費者目線で

「作業の共有」は「自分の考え」より、その商店街を利用する消費者の意向を受け入れることから始まります。

後ほど詳しく記していきますが、全国どの商店街で聞いても、商店街を再構築するときには同じ手順を踏んでいます。

それは、

① 商店街を構成する**店舗経営者の希望**を聞き

② 補助金対象となる再開発に準ずる設計を行い

③ 金融機関から不足分を借り入れる

のです。

このようにおのおのの店舗の経営者の意向を聞いてまとめていても、**消費者の意向を聞いているところは皆無に等しい**のです。

ということは、再構築に取りかかったときから、「作業の共有」ではなく「説得の共有」の繰り返しを行っていることになります。

再構築を果たした商店街には各地の商工団体が視察に訪れますが、彼らが一番知りたがることは「どうやって反対する経営者（地権者）を説得したのか」であって、どうやって消費者の意向を取り入れたのかではありません。

ですから、視察先を参考にして地元の商店街を再構築したとしても、視察先と同じように「見栄えはするが消費者の訪れない」商店街をつくってしまうことになります。

この繰り返しで日本中に「見栄えはするが客の訪れない商店街」と、再構築を諦めてしまった「シャッター通り商店街」が増え続けています。

# 第2章

# 街角は世界経済の縮図

## 1 経済は供給と消費のバランスによって発展する

地方都市から招聘されて訪問するとき、自分なりにいくつかの基準を持って街を見ています。

その一つは、幹線から支線に乗り換え、訪問地が近づくにつれて変化する、乗客のイメージを観察しているのです。

目的地が近づくにつれて流行を取り入れた若者（だいたいが様にはなっていないが流行に敏感）が増えてきますと、訪問地はそんなに寂れてはいません。

逆に流行に無頓着な若者や年輩者の姿が多くなりますと、訪問先は静かな街が多いのです。

招聘先の担当者にも必ず確認します。

「学生や若い世代がアルバイトをする場所がありますか？」

瀬戸内の島部を訪れた時のことでした。

「この島にはアルバイトをする場所がありません。アルバイトをやろうと思えば、橋を渡って本土へ行かなければ無理です。しかし、本土へ渡るバスの料金が片道１８００円かかります。往復３６００円かかってはアルバイトをしても意味がありません」

街を歩いてみますと、ファーストフードレストランやコンビニなど、若者が集まる店舗は一軒もありませんでした。

街中を見ていましても、流行に敏感な若者やイキがった若者が多いと、そのエリアに対して経済的な不安は感じません。

なぜそう感じるのでしょうか？

それは、そうした若者は「自分たちのシマ」を構築できないところには集まらないからです。

彼らは「大人の考える歓楽」とまではいかなくても「若者の考える歓楽」を求めます。それには多少の資金を必要とします。

彼らが集まるところには、少しの金が稼げる「アルバイトをする場所」＝「仕事」があり、その「金を使う場所」＝「たまり場」があることになるのです。

そして彼らには、この「少しの金」を預金しようという考えがありません。江戸っ子でなくても「宵越しの金は持たない」のが信条のようです。

この流行を取り入れる若者の行動思考こそ、経済の基本になります。

どんなに多くの金持ちが住む町であっても、その金を使おうとしない限り、その街角の経済は活性化しません。またどんなに自分だけが儲けていても、周りが儲けていないと誰も買いにきてくれません。

**経済は「供給」と「消費」のバランス**によって発展していくのです。

街角経済は、そのエリアの底力を端的に表しています。

## 2 補助金という名の足かせ

多くの街角から元気がなくなって、20数年が経ちました。

シャッター商店街が増え続けていることに危惧を感じ、「何とかしなければ」と、多くの人はいいます。

政府は毎年、商店街の改善資金を用意して立ち直りを期待しています。しかし、この補助金には政府主導に共通する欠点があります。この欠点は、すべての経済政策に共通する発想で、この発想が立ち直りの足を引っ張っているといっても過言ではありません。

補助金を申請する場合には、政府が表示した条件を満たさなければなりません。商店街復興の補助金でいえば、あれをつくれ、これをつくれと、役所が机上で考えたモデルケースをクリアにしなければ、受けることができないのです。

その結果、どこへ行っても同じような商店街ができ、商店主には借金だけが残り（改修費の全額は補助されず、半分以上は商店主の借金となる）客足は増えないという、負の連鎖に陥ってしまいます。

こうした机上の空論に近い補助要件はあらゆる産業にわたり、税金は投入するが活性化しないというジレンマを生んでいるのです。

すなわち「金を出すが口も出す」式が、無駄金だけを使い、効果がない結果を招いています。

政府は早く、理論で経済は動かないことに気づかなければ、空白の20年が空白の40年となってしまうでしょう。なににつけても口を挟むのではなく、「自由に使ってください」と用意してこそ補助金は生きるのです。

## 3 商店街は経済ピラミッドの底辺

「街角」とは、そこに住む人たちの消費力を表しているという人がいますが、消費力の減少が街角経済衰退の大きな要因なのでしょうか？

そうではありません。

消費形態が変わってきたのに、それに対応できていないだけなのです。

なぜ対応できないいか、それは原因を他へ転嫁し、自分の力で努力しようとしないからなのです。

なぜなら郊外に続々とオープンする大型店舗では、客を集め売上を伸ばしています。消費力自体が減少しているならば、大型店舗といえども売上を伸ばすことはできません。

なぜ街角は経済の縮図なのでしょうか。

経済はピラミッドを形成して、上位には大企業が陣取っていますが、その底辺を支えているのは消費者や弱小企業になり、そこで大きな位置を占めているのが商店になります。


いま、経済はピラミッドを形成していると記しました。

ではそのピラミッドはどんな構成になっているのでしょうか。

上位には大企業があり、中ほどには中堅企業があります。そして底辺には、弱小、中小企業とともに、個人企業、消費者がいます。

どんなピラミッドでも底辺が固まっていない限り維持することは不可能です。

しかし日本経済というピラミッドの底辺は崩れ続けているのです。


どんなに政策的に大企業にてこ入れを繰り返しても、底辺が固まらない限りピラミッドは崩れ続けます。それがバブル崩壊後の日本の姿なのです。その底辺で大きな役割を担っているのが商店であり、その集団が商店街になります。

官僚が「官僚の基準」で経済の動向を判断し良し悪しを公表していますが、この「官僚の基準」は机上の基準であって、実体経済に則ってはいないから空回りを続けているのです。

底辺の崩れるピラミッドは崩壊します。経済の立て直しもその底辺をしっかりと補強できてはじめて再構築が可能となるのです。

「たかが街角、されど街角」。

消費経済の土台となっている街角は、経済の縮図だという意味がおわかりいただけたでしょう。

一緒に街角経済の立て直しに挑戦しましょう。

これは一種の草の根運動になります。

各地にある小さな町の、小さな商店街がそれぞれ活性化すれば、ひいては日本経済の立て直しとなるのです。

# 第3章

# 立ち位置を知ろう

## 1 現実を見る勇気

### ○経済迷子

事業の経営には3つの勇気がいります。

それは、「現実を見る勇気」「後ろに下がる勇気」「前に進む勇気」です。

その中でも一番怖いのが現実になります。

現実とは、自分を取り巻く社会・経済状況、事業や自分個人の懐状況（キャッシュフロー）、家族や従業員が「今」考えていることなどになり、すべて自分の都合のよいように解釈していたいことばかりです。

しかしこれらの現実を知らないと、立ち直ることはできません。

**現実を知るのは自分の立っている位置を知ること**になります。

立っている位置がわかれば、向かいたい方向に進む道も見え、手段もわかるのです。

位置が把握できなかったら、どっちへ向いて進めばよいかわからず、迷子になってしまいます。

現実を見ようとしない人は「経済迷子」となってしまうのです。

商店街の現実とは、「客足が遠のき廃業する仲間が増え続けている」ことです。解決は、第1章「商店街が活性化する3つの条件」の「なぜ」を繰り返す作業によって見えた、衰退の原点の改善に取り組むこと以外ありません。

では、商店街を取り巻く日本経済、また世界経済の現状や将来はどのように理解すればよいのでしょうか。

結論からいえば、当面回復することはないでしょう。

本書はそうした予測に立って、「ならばどうやって活性化させるか」がテーマですから、不況が続くと聞いても不安になることはありません。

勇気を持って現実を見てください。

## ○アメリカがくしゃみをしたら商店街が廃れる

グローバル化された日本経済は単独で考えることはできず、世界経済と連動して動いています。街角経済である商店街も世界経済に連動しているといっても過言ではないのです。

なぜそうした状況になっているのでしょうか。

ローカルや中央に関係なく、商店街に買い物に来る人の勤める会社が、直接または間接のいずれにしても、海外との取引によって事業が成り立つ仕組みに組み込まれているからです。

飛躍した言い方になるかも知れませんが、アメリカがくしゃみをしたら、商店街が廃れていくのが今までだったのです。

戦後経済はアメリカが牽引してきました。日本はそれに伴走しながら経済発展をとげてきました。しかしアメリカが金融危機に陥ると、伴走している日本もその危機に直面しました。

ヨーロッパや諸外国はアメリカを利用して発展しました。しかしアメリカの立場は２００８年の金融危機をきっかけにして大きく変わりました。

今、アメリカは再起を果たそうとしていますが、このままでは過去の力を取り戻すことは不可能でしょう。

日本は伴走する相手を変えなければなりません。

世界的金融危機からいち早く脱却を果たした国は、アメリカ経済圏に入っていなかった国々です。これらの国の伴走者となれるか、相変わらずアメリカの伴走をし続けるかによって、日本の将来の明暗を分けることになります。

アメリカには日本に知られていないマイナス要因がいくつもありますから、当面景気の回復はあり得ないと推察できます。

## ○「資金繰り」の現実

次に資金繰りの現実を見てみましょう。

2008年暮れから2009年の初頭にかけて、言い換えれば2008年度末に向かって、動けなくなった事業所の当面の資金繰りを応援するといって、政府はセーフティネットによる貸出を行いました。

多くの店舗でも、この貸出資金を借り入れています。

しかしこの借入金は「返済計画のない借入」なのです。

この頃出講した講演会では、「ちょっと時間をください」といって、日本政策金融公庫の人が演壇に立ち「これだけ資金を用意しました、これだけ金利を下げました。どうかみなさんご利用ください」と、集まった経営者に向かって借入を勧めていました。

彼らと入れ替わりにマイクに向かっていいました。

「気楽に借りてはダメですよ。
くれるというならさもしいといわれようが、もらえばよいのです。
さもしいといわれたのがしゃくならば、
納めた税金を返してもらうと思えばよいのです。
しかし、借りたお金は返さなければなりません。
返すためには金がいります。
金を稼ぐために仕事がいります。
仕事がなければ泥棒する以外できません。
一息ついたあと　どうやって二息めをつくのですか？」

自分を取り巻く経済環境の次に現実を見なければならないのは、「現在の懐具合」「明日の売上／収入」なのです。

この窮地を耐えしのげばまもなくよくなると思いたいのですが、先ほど記したように当面回復することはないでしょう。

こうした現実を理解して「ならどうするか」を考え実行しなければなりません。

## 2 後ろに下がる勇気

### ○シャッター街への引き金

「後ろに下がる勇気」とは、「現実を把握」することによって、トキの変化に応じて業務を縮小したり、店舗を他業種に貸し出したり、いったん廃業することなどになります。これも他人の評価が気になり、なかなか踏み切れません。しかしこの勇気を持たないと、返済できないほど負債を膨らませることになり、逃げ場を失ってしまいます。

商店街で考えるならば、客足が遠のいてしまってシャッターを閉めることになった。しかし長年ここに住み着いていたから、店舗を誰かに貸して知らない土地で暮らすのは嫌だと考える店主がいたとします。

シャッターを閉めたままそこに居続けることによって、商店街そのものへの来客減少に結びつきますから、全体のことを考えれば、集客力のある分野の事業者に貸し出す必要があります。

それによって売上からは期待できなかった一定の収入が得られ、生活が安定するのですが、「一度貸すと出て行ってもらえなくなる」といった昔の「悪しき習慣」が頭をよぎり、他人に貸し出すことを躊躇してしまうのです。

しかし**シャッターを閉めたままそこに居座っても、**事態を改善することはできません。「後ろに下がる勇気」を持たないと、**自らはもちろん、商店街全部をダメにしてしまいます。**

シャッター通りに住む元の経営者に話をうかがいますと、ほとんどがこのパターンでした。

昔から続いてきた商店街の多くは、表を店舗にしてその裏または上層階に住居を構えています。ですから店舗を他業者に貸し出すとなると、他人と同居するイメージがぬぐい去れず、警戒心が強まってくる年輩になればなるほど抵抗をしてしまうのです。

まして売り渡して他の土地で暮らすとなると、これまた不安が先に立ち行動に移れません。

やむなく店は廃業したままその場に住み続けますから、その連鎖によって通りそのものがシャッター街となってしまうのです。

後ろへ進む勇気を持たないと、自らは中に閉じこもった座敷牢のごとき生活を強いられ、仲間だった商店も廃業せざるを得なくなってしまいます。

## 3 前に進む勇気

### ○営業内容を変えてでも消費者意向に合わせる

「前に進む勇気」を持てといいますと「バカいっちゃいけないよ、経営者だからいつも前に進むことだけを考えてるよ」と答えが返ってきます。

しかしここでいっている「前に進む勇気」とは、そういった意味ではありません。自分の経験のないことであっても、消費者がそれを求めていると感じたら、今までの仕事から新しい仕事へ切り替えて進む、すなわち営業内容を変更して進む勇気＝思い切りをいっているのです。

たとえば和装小物で営業してきたならば、カジュアルショップに切り替えるなど、時代の変化に応じて業種や手段を変えることを指していますが、これは過去に経験がないことが多く、理屈でわかっていてもなかなか踏み出すことができません。しかし、この勇気を持たないと、トキの流れに取り残されてしまうのです。

2009年の春、東京23区の下町商店街で目撃しました。800メートルほどの商店街に8店舗も携帯電話ショップがあるのです。5〜6年前ならば抵抗感を持ちませんが、なにやら異様な感じを受けました。

ITブームに乗って携帯電話が普及した時に携帯ショップを立ち上げた。しかし景気の後退とともに一時の勢いがなくなってしまったといいます。

この8店舗がその時、営業を続けていることが不思議でした。2時間ばかり様子を見ていたのですが、どの店にも一人の客も入らなかったからです。

余力のあるうちに早く手段を変えてもらいたいと余計なお世話が頭をよぎりました。

いまや、すべてのモノが安くないと売れなくなってしまったといいます。

言い換えれば、

① 需要のある分野で

② 安く売ることができたら

売上は見込めることがわかっていても、その分野が自分の経験のない分野ですと、失敗が怖くて切り替えることができません。

そう躊躇しながら携帯電話の販売にこだわり続けていたら、間違いなく廃業せざるを得ないでしょう。

**今のビジネスが社会に求められなくなったと感じたとき（売上の下落でわかります）は、「どこかに客がいる／その客を見つけよう」とするのではなく、今社会に求められている分野をビジネスにしなければなりません。**

たとえその分野が全く未経験であっても、挑戦する勇気を持たないと衰退するだけになってしまいます。

この勇気を後押しするのは「その分野の勉強をすること」と、その分野の「経験者」の協力を求める（採用する）ことです。

# 第4章

# ダメになる商店街と活性化する商店街

20数年にわたり各地の商店街を見てきました。またその多くは、数年ごとに訪問しています。しかし何度訪れても、前回よりよくなっている商店街は、残念ながら一ヵ所もありません。

逆に訪問するたびに廃れていく商店街のほうが多いのです。

しかしそうした中で、平日でも1万人以上の買い物客でにぎわう商店街があることも事実なのです。

この違いはどこにあるのでしょうか。いくつかの商店街の生い立ちと廃れる要因、活性し続ける要因を見てみましょう。

## 1 「売れている商店街」と「売っている商店街」

既刊（『カッコ悪く起業した人が成功する』光文社）の中で、「売れている店」と「売っている店」と表記して、ロケーションによって集客している店と、経営者の努力によって集客している店の違いを述べたことがあります。

商店街でもまったく同じ見方ができます。すなわち「売れている商店街」と「売っている商店街」です。

## ○売れている商店街

「売れている商店街」とは駅前通りや地下街など、第8章「問題を解決する」で記している、「商店街を構成する7つの要素」の要件の多くを満たしているところにつくられた商店街で、経営者が特別の努力をしなくても購入者が訪れている商店街です。

こうした条件のよい商店街の利点は、「何も努力しなくても商品を並べておけば売れる」ことなのですが、欠点は、経営者が他力本願になってしまい、自ら努力して売ろうという考えが欠如してしまいます。またリピート客よりも通りすがりの客が多いため、表面的な愛想しかなく、それが客にとって不愉快なことだと気づかなくなってしまうのです。

## ○売っている商店街

では「売っている商店街」とはどんなところでしょうか。

共通していえることは、ロケーションが悪いところで営業していることです。

「商店街を構成する要素」でいえば、

①　消費者を誘導する施設に隣接しているか（駅やショッピングセンターなど）

②　導線を構築しているか（①と①を結ぶ道）

③　交通の便、または駐車場が完備しているか

が満たされていないところにある商店街になります。

こうした商店街の経営者は「売る努力を続ける」ことにより、満たされない3つの要件を補っているのです。


その結果、どんな結末を迎えるでしょうか?

「売れている商店街」は駅の出口が変わったり、バスターミナルが移動する等（①消費者を誘導する施設に隣接しているか）、また郊外に大型ショッピングセンターが開店し導線の要件が満たされなくなった途端、変わった客の流れを止めることができず、シャッター街へと陥ってしまいます。

今まで「どうやって売るか」考える訓練をしてこなかったので、環境が変わると対応できなくなってしまうからです。

廃れていく駅前商店街や、大工場に隣接してシャッターを下ろしたままになっている商店街が、このパターンです。

北陸の中堅都市の郊外にできた工業団地の周りには、たくさんの高層アパートができ、それに合わせて幼稚園と商店街がオープンしました。

1万5千人の新住民を迎えて、商店街は盛況を極めました。

どんなものでも置いておけば売れたと、当時を振り返って元商店主は話します。

しかし長引く不況で団地の工場はどんどん閉鎖され、それに伴って人口も急激に減り、今では幼稚園も商店街も、廃墟同然となってしまったのです。


政令都市の駅前で、長年営業を続けていた商店街がありました。

しかし駅舎の改築工事が行われ、同時にその出入り口の位置が変わってしまったのです。

それまでの駅前通りは裏通りとなってしまいました。

ただ待っているだけでは、客は来ません。しかし今まで、何も努力しなくても客が流れ来店していましたから、どうすれば客を呼び込むことができるのか考えることができませんでした。

数年の間に商店は撤退し、今では飲食街と様変わりしてしまったのです。


ではあと一方の、「売っている商店街」ではどうでしょうか。

近所にどんな競合店がオープンしようが、その影響を受けることはありません。

なぜなら今まで、「成功する商店街の構成要件」が満たされない中で、売る努力を繰り返した結果今があるのですから、何ができようがまた考えて対応する逞しさが備わっているのです。

ビジネスも人間と同じで、恵まれて過保護に育ったものは逆境に弱く、逆境の中で逞しく育ったものはどんな環境の中でも生き抜いていくのです。

冒頭に記した「この時期でも平日にもかかわらず毎日1万人以上の買い物客で賑わう商店街」は、すべてこのパターンです。取材に訪問するにも半日がかりになるような交通の便が悪いところで、元気のよい商店街を維持しているのです。

たとえば東京の砂町銀座商店街は、東京といっても郊外の、決して商業都市とはいえないところに位置します。そのうえ近くに駅はありません。訪問するときはJRの駅からバスに20分ほど乗っていくことになり、遠路から訪問するのはとても不便な商店街なのです。しかし、だからこそ、どの店の経営者も奥にじっと座っていることはできません。みんな表に出て、商品や価格など自分の店をアピールします。

その声、その動きが商店街を活性化させ、買い物客を呼び込み活気を与えているのです。この商店街は1キロ弱続きますが、シャッターを下ろしたままのところは一軒もありません。

## ○客の求めを察知する

「**売る努力**」とは何を表しているのでしょうか。

それはまず、「**客の求めを察知する**」ことであり、次にその求めに応えることになります。

今は長引く不況によって、「客の求め」は「より安く」となっています。大手量販店もディスカウントショップよりも安く商品を並べる時代なのです。

東京の郊外にある駅ビルに並んだ商業ビルを歩いてみました。

ワンフロアのセンター部分にあった旅行代理店が撤退し、大きく空間が広がっています。その空間を囲むように、周りには衣料品やアクセサリーを売る店があるのですが、いずれも客の入っている様子はありませんでした。

唯一そうした中で、女性客が数人商品を見ている店があり、覗いてみたのです。

入り口のハンガーに掛けられた服には「デパートでは○○円」と大きく書いた下に赤字

で980円と書かれていました。そしてより小さく「B級品」と表示しています。これでは消費者を呼び込むことができません。

先ほど記した砂町銀座商店街でも女性が黒山のように集まっている店舗がありました。表のハンガーに掛けられている服には、大きく1円の値札が付いています。あまり多くの人だったので恥ずかしかったのですが、その間をぬって店の奥へ入りました。一番高い商品で990円になっていました。

店の外へ出て改めて看板を見ますと、そこには大きな文字で「B級ショップ」と書かれているのです。

同じようにB級品を扱っていながら、どうしてこのように客の反応が違うのでしょうか？　それは「店舗の品格を保ちたいが安いものも扱っていますよ」という売り方と、正面切って「あなたの希望をかなえている店です」と訴えている姿勢（正直さ＝客の求め）の違いといえるでしょう。

いま記した「売れている商店街」がいまや「売れていた商店街」と様変わりし、駅前にもかかわらずシャッター街と化してしまったのです。

「売れている商店街」は、第7章で記している「商店街を構成する要素」をすべて備えているところが多いのに、どうしてダメになってしまったのでしょうか。それは7つの要素にプラスする2つのモノ、「時流をつかむ」努力をしていないことと、「やる気」をなくしてしまっているからです。

この2つは、経営者の努力によって得ることができるのですが、恵まれた環境にいた経営者は自ら努力しようとは思いません。そして悪くなった原因を環境の変化に転嫁してきたのでした。


では、衰退する商店街と活性化している商店街の店舗構成を見比べてみましょう。

# 第5章

# 2つの店舗構成を対比する

この不況をものともせず、買い物客であふれている商店街が各地にあります。東京の下町にあります元気のよい商店街（砂町銀座商店街）と、元気のない商店街を見比べてみましょう。活性化の理由が明確に見えてきます。

## 1 元気のよい商店街とシャッター街の違い

元気のよい商店街とシャッターの閉まった商店街では、大まかに下の表のような違いがあります。

商店街の活性化を目指して、各地の商工団体はコンサルタントなどのアイデアを求めた結果、その多くはカラーロードの設置やアーケードの設置など、通りの作り替えに着手してきました。

| | 元気のよい商店街 | シャッター商店街 |
|---|---|---|
| 店主にやる気がある | ○ | |
| リーダー的人物がいる | ○ | |
| きれいに作り替えている | | ○ |
| オンリーワン商品が多い | ○ | |
| 仕入れて販売する品が多い | | ○ |
| 自分の店だけ考えている | | ○ |
| 店主同士が和気あいあい | ○ | |
| 他人任せである | | ○ |
| 時流のどの部分に対応 | 我慢　節約 | X |

しかしその結果は無惨にも目論見どおりとはなっていません。売上不振のうえに工事代金という負債を抱え込んでしまっているのです。

こうした商店の経営者は見通しの甘さを自己の責任とはせず、主導した商工団体の責任として不満をいうだけで、自ら改善に動こうとはしていません。

しかし元気のよい商店街の多くは、トレンディなきれいさはなく、雑然としています。なのに平日でも１万５千人前後、週末や休日となると３万人前後もの買い物客が出かけてくるのです。この違いは対比表に記したように歴然としています。

次に掲載した商店街の見取り図をご覧ください。同じようなアイテムを扱う店が雑然と並んでいます。

砂町銀座商店街

### 職種の記号

| 食料品 | 生活雑貨 | 衣料品 | 飲食店 | 魚屋 | 青果 | ミート | 惣菜 | その他 |
|---|---|---|---|---|---|---|---|---|
| A | B | い | D | E | F | G | H | あ |

## 砂町銀座商店街

| | | |
|---|---|---|
| E | | あ |
| D | | あ |
| H | 明治通り | あ |
| D | | B |
| あ | | あ |
| あ | | A |
| A | | い |
| E | | い |
| F | | あ |
| G | 砂町銀座商店街 | あ |
| A | | あ |
| あ | | D |
| A | | A |
| あ | | D |
| A | | あ |
| い | | い |
| G | | あ |
| F | 次のページに続く | A |
| あ | | B |
| F | | D |
| H | | い |
| い | | い |
| H | | い |

| | | |
|---|---|---|
| あ | | A |
| B | 前ページから続く | A |
| あ | | あ |
| D | | あ |
| あ | | E |
| B | | F |
| あ | | H |
| D | | E |
| D | | い |
| A | | B |
| D | | い |
| い | | B |
| い | | A |
| 銭湯 | 砂町銀座商店街 | あ |
| 宝くじ売り場 | | G |
| F | | G |
| B | | A |
| い | | あ |
| い | | F |
| 稲荷神社 | | あ |
| H | | H |
| H | | D |
| A | | G |
| A | | あ |
| A | 次のページに続く | E |
| E | | あ |
| E | | F |
| あ | | H |
| い | | A |
| H | | A |
| あ | | い |

<table>
<tr><td>D</td><td rowspan="23">砂町銀座商店街<br><br>まだ続きますがここまで</td><td>あ</td></tr>
<tr><td>い</td><td>B</td></tr>
<tr><td>あ</td><td>B</td></tr>
<tr><td>あ</td><td>あ</td></tr>
<tr><td>い</td><td>E</td></tr>
<tr><td>H</td><td>H</td></tr>
<tr><td>い</td><td>H</td></tr>
<tr><td>H</td><td>D</td></tr>
<tr><td>B</td><td>あ</td></tr>
<tr><td>い</td><td>い</td></tr>
<tr><td>H</td><td>A</td></tr>
<tr><td>あ</td><td>あ</td></tr>
<tr><td>H</td><td>B</td></tr>
<tr><td>G</td><td>G</td></tr>
<tr><td>B</td><td>あ</td></tr>
<tr><td>あ</td><td>あ</td></tr>
<tr><td>あ</td><td>あ</td></tr>
<tr><td>B</td><td>あ</td></tr>
<tr><td>B</td><td>あ</td></tr>
<tr><td>G</td><td>B</td></tr>
<tr><td>い</td><td>あ</td></tr>
<tr><td>E</td><td>D</td></tr>
<tr><td>G</td><td>D</td></tr>
</table>

## 元気のない商店街

| | | |
|---|---|---|
| D | | あ |
| あ | ☝ | A |
| A | 駅 | E |
| D | | G |
| H | | H |
| あ | | B |
| A | | G |
| あ | | あ |
| あ | | あ |
| あ | | あ |
| あ | 駅前商店街 | A |
| あ | | あ |
| D | | B |
| あ | | H |
| D | | い |
| D | | あ |
| あ | | い |
| あ | | D |
| D | | F |
| あ | | い |
| A | | H |
| あ | 次のページに続く | あ |
| あ | | い |
| A | | H |
| あ | | あ |
| D | | あ |
| B | ☟ | D |
| あ | | あ |

前ページから続く

駅前商店街

| | |
|---|---|
| D | B |
| D | い |
| あ | A |
| あ | あ |
| B | D |
| D | D |
| い | D |
| あ | あ |
| B | H |
| あ | あ |
| あ | D |
| A | A |
| あ | D |
| あ | D |
| い | あ |
| い | H |
| あ | あ |
| あ | H |
| B | G |
| A | あ |
| ア | A |
| D | あ |
| あ | D |
| あ | あ |
| あ | い |
| あ | あ |
| あ | あ |
| あ | い |
| G | あ |
| H | あ |
| B | い |

次のページに続く

D
あ
あ
D
C
A
H
い
あ
商店街事務所
あ
B
い
F
い
あ
あ
あ
A
あ
あ
い
駅前商店街
出口
あ
あ
F
い
あ
あ
あ
A
い
い
あ
A
あ
B
D
あ
あ
D

ここに「元気のない商店街」として店舗の配置図を記したのは、東京の区部にある駅前商店街です。

商店街とはこうあるべきと、過去にはモデルにもなっていたところで、丈の高いアーケードとカラーロードに彩られています。シャッターが閉まったままのところはかろうじてありませんが、人通りはまばらにしかありません。元気のなくなった商店街の例として取り上げました。

## 2 店舗構成は「節約の領域」を増やす

両極にある2つの商店街の、店舗の構成を見てください。

元気のない商店街では、158店舗中71店が「あ印」で示したその他の業種であり、19店が「い印」で示した衣料品店となっているのです。このあ印とい印の職種は「我慢」の領域に入り、家計が苦しくなってくると真っ先に消費対象から外れます。

そしてこれらの店舗で扱っている商品は買い置きできますから、近所の商店街ではなく郊外の大型店へ行きますし、値引き合戦に強い大型店舗でも扱っているものですから、価格サービスに限界がある個人商店で商品を求めることはまれになります。

買い置きができる商品を扱っている店舗が多ければ多いほど、その商店街へ出向く客は少なくなります。

ここで目立ったのは携帯電話ショップでした。９８０メートルの商店街に7店舗もあるのです（54頁に記したのはこの商店街のことです）。

電車に乗って３つ行けば副都心である繁華街に出られるこの位置（すなわち消費力が集中されているとは思えない）で、これは理解ができません。

そしてＡ～Ｈ印で示した「節約」の領域に入る「生活を維持するのに欠かせないもの」やＥ印の鮮魚、Ｆ印の青果などを扱う店舗は15店しかないのです。

こうした店舗構成は商店街の魅力を薄くし、毎日訪れようとは思いません。特にリピーターを引き込む力は皆無だといっても言い過ぎではありません。

こうした状況のまま数年が経過してしまった理由はどこにあるのでしょうか。

一つは駅前という恵まれた立地にあぐらをかいて、「売れている店舗」に甘んじて努力をしてこなかった（光文社刊『カッコ悪く起業した人が成功する』を参照ください）ことと、過去に注目された栄光が忘れられないところにある（光文社刊『黒字のための５×６

の法則』の転換期の章を参照ください）のではないかと推察いたします。

では、先に記した元気のある商店街「砂町銀座商店街」ではどのような店舗構成になっているのか見てみましょう。

A～Hでマークした「我慢」の領域は91店舗で、元気のない商店街と同じような数なのですが、「節約」の領域（生活を維持するのに必要な商品）を構成する店舗は77店もあります。168店舗の中の46％を占めているのです。

またこれらの店舗で扱っている商品は買い置きできませんから、客は毎日出向いて来ることになり、結果として人の途切れないにぎやかな商店街となるのです。

「節約」の時流をつかむのは、いかに安く提供するかがキーポイントとなります。この商店街はまさにこれに徹して、時流をつかんで儲けているのです。

「我慢」の領域の店舗であっても、他の商店街とは大きくイメージが違います。

前にも記したように、ブティックであってもきれいさやイメージを全面にアピールするのではなく、明確に「B級ブティック」「訳あり商品専門」というように「我慢しなくてもいいですよ」とアピールし、大勢の人が群がっているのでした。覗いてみますと最低価格商品はなんと1円の値札が付いていました。

店のオーナーは問いかけに答えました。

「1円の商品を買った人はそのまま帰るのではなく、必ず利益のある商品を買ってくれます。客単価と利益をみると、決して赤字にはなっていません」

**なぜ安く提供できるのでしょうか**。その答えは仕入れだけではなく、**無駄な経費を省き借金がない**ところにあります。

アーケードを造ったり、通路にカラータイルを貼ることによって見栄えはしますが、その分、店舗は負担金という借金を抱えることになります。この返済分や金利は、商品の販売価格に上乗せされますので、販売可能価格の下限を押し上げてしまうのです。こうした借入が、販売不振時には大きな不安となって経営者の表情にも表れ、暗いイメージに包まれてしまった商店街となり、よけい客は寄り付かなくなってしまうのです。

私が信頼している針灸師とけいらく（経絡）施療師がいます。この二人と出会うまでには、多くの治療院を訪れていたのですが、この二人と多くの治療院とには明確な違いがありました。

それは、

① この二人の治療院には現代的なきれいさがない

② そしてビジネスライクではないことです。

一般的には患者が何度かリピートするように仕向けますが、この二人は、なんとか一回で回復できないか挑戦してくれるのです。

たとえば、けいらく治療は40分5000～6000円というのが相場なのですが、この施療師は1時間半から2時間かけて施療し、料金は40分の相場と同じなのです。針灸師も起因を見抜くのが的確で、半年以上整形外科などへ通っても直らなかった腰痛を一回の施療で治してくれました。痛い原因はギックリ腰ではなく、座骨神経痛だったのです。

こうした姿勢で施療している人だから、きれいな今風の治療院に作り替えるゆとりはありません。しかし腕は確かですから患者が多く、なかなか予約がとれません。

この二人の施療師と元気のある商店街とは、基本姿勢が同じだと思いませんか。

砂町銀座商店街ではミートショップが隣り合わせて並ぶところがあります。30分ほど向かい側に立って客の様子を見ていました。双方とも店頭で焼き鳥を売っていますので「つぶしあいになるのではないか」と思っていたのですが、それぞれの店の特徴に合わせて、少し色合いの違う客がそれぞれの店頭に並んでいるのでした。

元気のよい商店街の40％以上が、ハンドメイドの商品（オンリーワン）を販売しているのに対し、元気のない商店街では70％以上がメーカー製造の製品を仕入れて販売しています。たとえば砂町銀座商店街では、１６８店舗のうち70店舗前後がオンリーワン商品で構成されているのです。

製造会社（メーカー）の製品はこの商店街で求めなくても、安く売っているスーパーなどの量販店でも買えますから、同じものなら安く買う（時流の節約）のは当然のことで、量販店と同じものを扱って多少値引きして売っていても価格的には対抗できず、客が来ないのは当然といえるでしょう。

客の来なくなった**商店街を再生させるには、店舗構成を変えること**が不可欠になるのです。地権者の同意を得て構成を変えていく方法は第9章を参照ください。

# 第6章

# ダメになる商店街に共通する特徴

ダメになる商店街の多くは、立地条件に恵まれています。なのにどうして買い物に訪れる客が減少していくのでしょうか。問題を解くカギはここにあります。

商売をする条件がよければよいほど、経営者は集客のための努力をしません。

資金にゆとりがあればあるほど、経営者は金を使ってサービスをしようとします。

余計な出費を繰り返しますから資金繰りが厳しくなって、気持ちにゆとりがなくなり、店頭にいてもあまり笑顔がありません。

精神的にゆとりがなくなっていますから立ち止まった客に、「何とか売らなきゃ」と無理強いしてしまいます。その客が何も買わずに帰ろうとしますと、がっかりして店の奥へ帰りながら（後向きで）おざなりの挨拶をしてしまいます。

無愛想に送り出されれば、その客は二度と立ち寄らなくなってしまいます。

その繰り返しで店舗への客が減り商店街への来訪者が減っていくのです。

## 1　負の連鎖によって生まれる赤さび商店街

神戸から小一時間ローカル線で移動した地方都市を訪問した時のことです。いつものように早めに着いて市街地の様子を見ようと駅に降り立ちました。

駅前には商店街らしきものが見当たらないので、喫茶店で様子を聞こうと探すのですが見つかりません。人通りもあまりないので、客待ちのタクシーの運転手さんに軽食喫茶の場所を教えてもらいました。

「昼飯時間ですが、コーヒーだけでもいいですか?」

「どうぞ気になさらないで」

その言葉を受けてカウンターに座りました。

女性従業員がテーブルへと勧めてくれましたが、昼飯時でもあり商売の邪魔をしては悪いと思って、そのままカウンターにいたのです。

出された香しいコーヒーを楽しみながら、店内の様子を見ていたのですが、12時を10分過ぎても20分過ぎても、食事に入ってくる客はありません。

「駅前に出向いてくる客が少ないですね」。言葉を選びながら話しかけたのですが、さすが客商売、「食事時間になっても客が増えるわけではないんですよ」。質問の意味を理解されていました。

特に忙しい様子でもなかったので、そのまま話し続けました。

「よい店なのに少し駅から見づらいですね。運転手さんに教えてもらわないとわからなかったですよ」

「看板は大きく出しているんですが、なぜか見えないらしくて」

いわれてみれば確かに、店内からでも見える大きな看板が立っていましたが、駅からは気づかなかったのです。

「せっかく駅前なのにもったいないですね」

「以前、駅の改札口は店の入り口の横にあったんですが、拡張工事でず〜っと先へ移転してしまい、来店客はめっきり減ってしまったのです」

第4章「ダメになる商店街と活性化する商店街」で記した「売れているお店と売っているお店（ロケーションがよくて客足に恵まれると集客努力をしないので、ロケーションが悪くなったときに対応できずダメになる云々）」を地でいっているのです。

「営業して何年くらい経つのですか？」

「まもなく40年ですね。開店当時は喫茶店へ行くことがおしゃれな時代でしたから、来店客も多く、私ももてましたよ。だけどもう10年以上この状態ですね」

「よく維持されていますね。相当な負担なんじゃないですか?」

「持ち家だからやってますが、テナントで借りていたなら、もうとっくの昔にやめていますよ」


「ところで、商店街はここから遠いですか?」

「いえいえ、そこに見える家の3軒目の角に入り口がありますよ」

いわれた先を見ましたが人の出入りがなく、そこに商店街があるとは感じられません。

「商店街の景気はどうですか?」

「どこも同じだと思いますが、ひどいもんですね。どんどんみんなやめていきますよ」

「買い物客が少ないのですか?」

「若い人はまったく利用しませんね。客で出てくるのは遠くへ行けない年配者だけですよ」

「近くに大型店舗があるんですか?」

「4キロほど行ったところに○○があります。若い人はみんなそっちへ行きますね」

「ご主人も商店街で買い物しないんでしょう?」

少し意地悪な質問をしてみました。しばらく沈黙した後、
「正直なところ私も行きません。近くの商店で買い物をするのがスジなんでしょうが、欲しいものがないんですよ。そして売れないから高い、高いから売れない、売れないから品揃えできない、品物が揃っていないから買いに行かない……本当の悪循環ですね」

店に荷物を預けて商店街へと向かいました。

いわれたとおり、３軒目の角から左へ長い商店街が続いていました。しかしその様子は、シャッター通りどころではないのです。

必要以上に背の高いアーケードの天井に張られた屋根は茶色く煤け、閉まったシャッターは赤さび、ゴミの散乱した歩道を歩く人は皆無に等しいのです。営業している店は数店しかありませんでした。それなのにこの商店街は、１０００メートル近くあるのです。まさにここはシャッター通りではなく、赤さび通り商店街となっていました。こんなにひどい商店街とはめったに出会うことはありません。

でもこの風景はどこかで見たことがありました。それはずいぶん以前のことです。アメリカを旅していて、廃墟（ゴーストタウン）となった町を訪れた時に出会った風景と同じ色、同じ空気を感じるのです。

## ○原因は成り立ちにあり

なぜここまで寂れてしまった商店街が全国に広がってしまったのでしょうか。
その理由は「よみがえる条件」でも触れましたが、やはり「商店街」の成り立ちに端を発していると思われます。

商店街は商店会長の下、一致団結して商売に励んでいるかといえば、現実はその逆が多いのです。言葉に語弊がありますが、端的にいえば我利我欲の突っ張り合いのところが多いといえるでしょう。

商店会長も先見の明や経営能力に優れていることではなく、その通りで一番大きな店《たな》や歴史の古い店の経営者が、名誉職として就任しています。

その結果、一緒になって活性化を図るというより、景気の悪い店舗に対して「上から目線」で見下していることが多いのです。

商店街は個々の器量によって商売を継続させてきた「個」の集まりです。
ですから「みんなのために」何かするということは、「自分のために」何かする（自分の利益となって還元される）ことになり、自分の利益にならないと行動しません。

多くの店舗が掃除や水まきを、自分の店舗の前だけに限定する姿勢からも理解できます。

さまざまな試練を乗り越えて、綿々と引き継がれてきた店であればあるほど、将来の展望よりも「歴史を守る＝この一年」のことのほうが大切なのです。


どんなビジネスでも同じですが、特に商店経営の場合は、「遠近両用メガネ」をかけて取り組まないと方向性を間違えやすいのですが、その意識に欠けるといえるでしょう。

全国至るところの商店街で、商店主と話をする機会を得てきましたが、ほとんどの場合、過去を見る目（創業何年と自慢をする）はあっても、未来を見る目（将来設計）はありませんでした。

## 2 再開発で生まれる横型デパート商店街

地方都市には老舗のデパートがいくつもあります。

これらのデパートは駅前のメイン通りにあったり、このデパートを中心にして商店街がつくられたりしています。

商店街は導線（集客ポイントを結ぶ線）上に自然発生していきますから、デパートが商店のシンボルであり憧れであった頃には当然のことでしょう。現存する商店街の多くはその名残であるといえます。

## ○再開発で再起したのは

敗戦直後から続いてきた商店街を作り替えたとの連絡を受け、講演を兼ねてその町へ向かいました。

再開発した商店街はご多分に漏れず、駅とデパートなど集客施設を結ぶ導線にできています。きっとはじめの頃は、駅からデパートに向かう道筋にまばらにあった商店が、時を経るにつれて軒を連ねてきたのだと推察されました。

「商店街を構成する7つの要素」のほぼすべてを満たしているこの商店街は、理論からいえば繁盛していなければなりません。

しかし通りを行く人は多いのですが、店内はいずれも閑散としているのです。わずかにハンバーガーショップが賑わっているに過ぎません。

もう一度出入り口に戻って、通りを見直しました。

ブティックや貴金属店、眼鏡屋さんなど、その多くは大理石を使って統一されたイメージのエントランスでつながり、また和菓子店や和服の店は古木を使った重厚なつくりで、さながら高級デパートのイメージがあります。

しかし、何か違和感を拭えません。

そうなのです！　ウインドーディスプレイや売られている商品など、どれを見ても中心部にあるデパートと変わりないのです。

デパートで扱っているものと同じ商品がいくつか売られていましたから、価格を見比べてみました。しかし似たり寄ったりで、明確な価格差がありません。

デパートが縦型に販売スペースがあるとすると、この商店街はそれを横に並べただけでした。まるでデパートに対抗しているかのような印象を受けたのです。

一見ヨーロッパ風の洗練されたきれいな町並みに見えますが、この商店街で買い物をする意味がありません。同じものを同じような価格で買うならば、デパートへ出向いたほうが品数も多く、選ぶ楽しみもあるでしょう。

８年後、またこの町へ招聘され訪問しました。郊外に大型ショッピングセンターができたと聞いていたので、商店街の様子が気になり訪ねてみたのです。

バブル経済破綻後衰退し続けているといわれているデパートはこの地区でも同じで、２年前に閉店していました。その跡地は利用者がなく、建物も放置されたままです。商店街の中ほどに、廃墟が陣取っているのです。

閉められたシャッターに張られた選挙のポスターは破れて風に舞い、エントランスの階段はゴミの吹き溜まりと化していました。鳴り物入りで再開発された商店街は、多くの店がシャッターを閉ざしたままでした。

商店街の再起を目指した再開発で儲けたのは、施工した建設業者だけだったのです。

再開発された商店街が、その目的を果たしきれていないのはここだけのことではなく、各地で同じ間違いを犯しています。

## ○再開発が失敗した理由

この商店街の再開発が目的を成し得なかった理由は２つあります。

1つ目は、「見栄え」「外観」にばかり気をとられ、商店街のブランド（特徴／特異性）化を考えなかったことです。

デパートと同じコンセプトで商店街を作り替えても、商店街へ行く魅力がありません。価格もデパートより多少でも安くできるかといえばそうではなく、商店街の作り替えで増えた各店舗の負担金が利益を圧迫しますから、安く売ることはできません。同じような品揃えが同じような価格で売られていては、商店街で買い物をする魅力がないのです。

そこへ郊外に、価格と品揃えで勝負する大型ショッピングセンターが出店してきますと、横型デパート式の商店街は太刀打ちできません。

デパートと同じコンセプトで商売をするならば、「より良い」商品を「より安く」販売しないと対抗することはできません。

素材や商品はデパートに負けないくらい高級に、価格はデパートが太刀打ちできないほど安くしなければならないのです。

２つ目には、時流をつかんでいなかった（第８章「時流をつかめ」の項参照）ところにあります。

デパートの品揃えは基本的に「我慢」の領域にあります。

「我慢」の領域には利益幅の大きな商品が多く、好景気のときにはその利益を「ネームバリュー＝付加価値」というオブラートで包んで売ることができます。

しかし逆にいえば、不況時になると付加価値よりも「実」が求められますから、デパートの売上は落ち込むことになるのです。

では、商店街はどうでしょうか。商店街は日常の生活を維持するための不足品を購入するところで、これは「節約の領域」になるのです。節約の領域であるべき商店街が、我慢の領域の真似をしても成功することはあり得ません。

商品や技術の対価には付加価値が必要です。たとえば１００円売価の商品に１０１円（プラスアルファー）の価値を付けることによって売上を伸ばすことができるのです。

デパートはネームバリューを付加価値として「我慢の領域」でビジネスを展開していたのですが、ネームバリューのない一般商店が、店構えや品揃えでデパートの真似をすればするほど、商店街を利用する客、すなわち「節約」の領域にいる消費者の足は遠のいてしまいます。

**商店街に課せられているのは、地元住民の生活を後ろから支えること**です。課せられた領域をはみ出して営業するのは、本分ではないと認識しなければなりません。

### ○横型デパート商店街が増える理由

再開発された商店街には、なぜこうした横型デパート形式が増えてしまうのでしょうか。その理由は2つ考えられます。

一つは、開発を応援する行政の補助金給付条項に羅列されている、最低実施項目に要因があり、あと一つは商店主の意向を重視し**消費者の意向は聞いていないところ**にあります。

商売は消費者あってのものであることを忘れてはなりません。

## 3 「売り場」をつくり「買い場」をつくらない3つの理由

店舗は経営者にとっては品物を売るところです。しかし消費者の立場からみれば、そこは「買う場所」になっているのです。どんなに経営者が努力して売りやすい方法を考えても、客が買いやすい（欲しいもの／値段が妥当）条件を揃えていないと買ってくれません。すなわち**店舗の経営者は「売り場」をつくるのではなく、客の「買い場」をつくらなければならない**のです。

にもかかわらず、買い場がつくれないのはなぜでしょうか。

それは次に記した３つの理由によります。

## ○特色＝差別化意識がない

経済の発展に伴って、どの地方都市へ行っても同じような風景になりました。駅前には高層ビルが建ち並び、きれいな商店街が連なっているのです。服装も都会と変わりなく、言葉遣いにも地方色が見られなくなってしまいました。

経済の発展と情報化社会によって、それぞれの地域の特色がなくなってしまったのです。これではビジネス以外、この地を訪れる魅力がありません。大都会を真似た都市づくりが地方経済の発展と考えるのは少し違うのではないでしょうか。

レコード会社に勤めていた頃のことですが、ヨーロッパから来日したロック歌手のフリータイムを世話するよう指示を受けました。街へ行ってみたいというので銀座へ案内したのです。

タクシーを降りた彼は「写真で見た芸者がいない」というのです。芸者は職業で普通に街を歩いているのではないことを教えると、道行く女性を指差し、「いくらで私とつき合うか聞いてきてくれ」といいました。

内心「バカにするな」と思いましたが怒りを抑え、諫めたことがありました。

当時のヨーロッパの教科書にはまだ、人力車に乗った髷を結った芸者が、堂々と日本の女性として紹介されていた頃でしたので、日本人に対するイメージはその写真で出来上がっていたのです。

次の日、歌舞伎座へ案内し、夜は料亭で芸者に接待してもらい、やっと彼は「日本に来た」といったのです。

外国を訪問する楽しみの一つは、異国情緒を味わうことにあるからでしょう。


かくいう私も同じようなことを経験しています。

まだ海外旅行が一般的でない頃、友人のジャズバンドがグァム島の米軍基地に呼ばれたので一緒に行こうと誘ってくれました。グァム島に対する当時のイメージは、腰蓑を着けてヤシ葉の家に住む人たちの島でしたから、空港から基地へ向かう車窓の風景にがっかりしました。大人も子供も、服を着ており、住んでいる家はセメントブロックを積み重ねて、屋根にはカラートタンが張られているのです。

数日後、村のパーティーに招待されました。そこには焼き石で蒸し焼きにした豚やタロイモなどのチャモロ料理がいっぱい用意されていました。しかし私が一番嬉しかったのは、余興だったのです。そこでは腰蓑の男女が木筒の太鼓に合わせて、満天の星の下で踊っているのです。「これがグァムだ」やっと満足したひと時でした。

異国情緒とは「日常と違う＝差別化」が魅力となっています。これは対人間、商店とも
に同じなのです。

なぜ、あなたは「あの人」が好きなのですか？　それは「あの人」にほかの誰かと違うところを見つけ、魅力を感じたからに他なりません。

商店街が評判になりますと、視察に訪れる人たちが増えるのですが、彼らはその商店街の「よいところ」をメモし、真似る参考にしようとします。

その結果、どこの商店街へ行っても似たり寄ったりになってしまい、独自性＝差別化が

なくなり、魅力がない＝訪問したいと思わない街になってしまうのです。
商店街へ視察に行ったら、「真似」をする部分を見つけるのではなく、「ここにない魅力をどうやって地元でつくるか」を見つけなければ、視察をしている意味がありません。

元気をなくした商店街には「そこを訪れる」必要性がない店舗が並んでいます。できた頃には多くの来訪者があったとしても、今では魅力がなくなっているのです。ウインドーショッピングをしようと思いません。量販店は買う目的のところだけでなく、店内を散策して「目で楽しむ」ことができますが、元気をなくした商店街では目を楽しませることができなくなっています。

詳しくは第9章の「コンセプトを明確にすること」を参照してください。

## ○商店主のための商店街をつくる

この項目も元気をなくしている商店街の大きな要因になります。どこの店舗を見ても、その店舗の経営者がより売りやすく、より集客しやすくとの願望でつくっており、商店街の一翼を担うとか、消費者の求めに応えるためにといった要素は無視されてつくられています。

その結果、時によっては商店街の発展の妨げになることがあっても、自らを正そうとはしません。自分の店《たな》さえ維持されていれば、すべてよしと判断しているのです。これが商店街が元気をなくす要因となっています。

詳しくは第9章の「消費者のための商店街をつくる」を参照してください。

## ○大きな勘違い

廃れた商店街では、「若者が来なくなった、年輩者ばかりだ」というような言葉を頻繁に耳にします。年輩者が多い商店街は廃れていくのでしょうか？　これは大きな勘違いというか、責任転嫁もはなはだしいのです。

「年輩者ばかり」と嘆く商店街は、年輩者の数も減っています。

元気のよい商店街で買い物をしている世代の40％は年輩者です。おばあさんの原宿といわれている東京・巣鴨のとげ抜き地蔵商店街は、80％以上が年輩者であることを無視してはいけません。谷中など多くの賑わっている商店街の多くは、年輩者が客の主体となっています。

「これからは高齢者社会（高齢というのは嫌な言葉ですから、本書では意識して年輩者と表記しています）」といいながら、なぜビジネスに取り入れようとしないのでしょうか？　高齢者社会ということは、年輩者が消費の中心になるということなのです。

年輩者の特徴は、

①　多額でなくても定期的に使えるお金を持っている

②　出歩くところがない

③　孤独で寂しい生活を強いられている

等になります。

「出歩くところがない」「孤独で寂しい生活」ならば、これらを満たしてあげることを考えれば、とげ抜き地蔵商店街のように、年輩者は出かけてきてくれるのです。元気のよい商店街は、店の人が彼らに声をかけていますから、孤独感も薄れ「出かけていきたい」雰囲気がムンムンしています。

「若者が来なくなって年輩者ばかり」と嘆いている店が多い商店街では、「いらっしゃい今日は○○が安くなっていま～す」と客を呼び込む声はあっても、道行く人に「お！おじちゃん、今日も元気だね」と気楽に機嫌を伺う声は聞こえません。

年輩者を客としてとらえていませんから、年輩者の足も徐々に遠のき、近い将来シャッター街化するのが目に見えています。

若者がたくさん出かけてくる商店街は確かに華やいだ雰囲気ができますが、若者の消費力は年輩者の数分の一であることを、経営者としては忘れてはならないのです。

年輩者が楽しめる街づくりを心がければ、それも活性化の一つの方法となるのです。

この章では「ダメになる商店街の特徴」をまとめました。

ダメにならないためには、またダメから脱却するためには、ここに記した逆を行動すればよいことがわかっていただけたでしょうか。

ではこれに反して「元気のよい商店街」の特徴を見ることにしましょう。

# 第7章

# 元気のよい商店街に共通する特徴

ここには、「ダメになる商店街の特徴」の真逆があります。

元気のよい商店街の多くは、交通の便がよいところにはありません。なのにどうして毎日、多くの人たちが買い物に訪れているのでしょうか。問題を解くカギはここにあります。

## 1 問題を解くカギがここにある

### ○条件が悪ければ努力する

商売をする条件が悪ければ悪いほど、経営者は集客のための努力をします。資金がなければないほど、経営者は金のかからない方法でサービスをしようと努力します。

余計な出費をしていませんから資金繰りが厳しくなく、気持ちにゆとりがあって自然に笑顔で接客します。

ゆとりがありますから客が立ち止まっても、「何とか売らなきゃ」と無理強いせず、その客が何も買わなくても笑顔で送り出しています。笑顔で送り出されれば、その客はまた来店し、その繰り返しで購入者になっていくのです。

元気のよい商店街と廃れていく商店街は、「ウサギとかめ」の話にダブらせれば理解できると思うのですが、「気長に」「努力」を繰り返すか、優位に甘えて努力を惜しんできたかの違いといえるのです。

## ○儲けより来客が先

元気のよい商店街の経営者は、状況の変化にとても敏感です。

客の減少に反応し、即、その対応策を講じて実行に移しています。

たとえば、客の流れが芳しくないと感じたら、即座にサービス割引を行いますが、この値引き幅が半端ではないのです。一般的な商店街では、タイムサービスで半額セールをやるのが精いっぱいですが、ここでは7割引と思い切った値引きを行います。

店にとっては「儲け」より「来客」が先決であることを、よく理解しているのです。

店主はいいます。

「原価を切って売り出しても店全体では儲けが出ています。特売を買った客は必ず他の商品も買ってくれるからです」

まさに商売の基本「損して得とれ」ですね。

### ○自分の店のことだけを考えている店主が少ない

元気な商店街には店主にやる気のある人が多く和気あいあいとしており、また全体をまとめているリーダーがいるので、イベントも多く開催され、華やいだ雰囲気があります。

そして、自分の店のことだけを考えている店主が少ないのです。

シャッター街といわれる商店街で営業している店主から、必ず返ってくる言葉があります。

「あそこは廃業したけど、うちは何とか維持している…」

この言葉には「自分だけ」生き残っていればとの思いが伝わってくるのですが、残念ながらこの店主の商売も、「自分だけ」と思っていたら、そう長くは続かないでしょう。

## 2 共通する6つのポイント

### ○オンリーワンの強み

神奈川県の横浜駅から歩いて20分足らずのところに、「興福寺松原商店街」があります。

ここも砂町銀座と同様に、休日はもちろん平日でも多くの買い物客で賑わっているところですが、元気な商店街に共通する６つのポイントがあるのです。

①　アーケードではない
②　きれいではない（もちろん不潔ではありません）
③　オンリーワン商店が多い
④　同業店舗が軒を連ね切磋琢磨している
⑤　「節約」分野の商店が多くを構成している
⑥　声が響いている

元気のよい商店街では惣菜屋や漬物屋、揚げ物屋など同じ業種が軒を連ねていますが、これらはオンリーワン商品で、自分の好みの味は「この店」だけにあるので、同業他社が並んでいてもつぶしあうことはないのです。

同じ惣菜であってもそれぞれが「辛い」「甘い」「濃い」「薄い」と嗜好に合わせ、また総合仕入れの肉屋さんの焼き鳥と、ひよこから育てて自家で串に刺した焼き鳥屋さんのように、価格も違えば特徴も明確に違っています。

オンリーワンであれば、近所にいくら大きなショッピングセンターができても、そのために売上不振になることはありません。

繁盛していた揚げ物屋の傍らにスーパーができて売上が落ちたとしたら、その原因はスーパーの開店ではなく、スーパーで販売している揚げ物が消費者の好みに合っていて、揚げ物屋の商品が好みに合わないだけのことです。

たとえば利益を追求するあまり、何日か油を使い回していないでしょうか。使い回している店は客が減りますが、油にこだわって常に新しいものを使うとか、店独特のブレンド油を使って揚げている店は客が途絶えることはないのです。

不振をスーパーのせいにするのではなく、**自分の商品を「今の客」に合うようアレンジ**をしなければなりません。この「今の客に合う」というのも時流をつかむことになります。

ラーメン屋さんは隣近所に同業者が開店しても、少しも脅威ではないといいます。なぜならスープの味付けなど、オンリーワンに徹しているからだとのことでした。

## 3 余計なお世話

### ○買い物は仲間の店から

商店が生き残るには自分の店への集客を考える前に、商店街への集客を考えなければなりません。

廃業せざるを得ない店があったときには、その店の存続を商店街全体で考え協力しあわなければ、必ずその負の余波は、「人通りの途絶えた商店街」として自分に被ってきます。元気のよい商店街は、各々が周りの売上に関心を持ち、「余計なお世話（助け合う）」をしごく当然のこととしているのです。

砂町銀座商店街で営業する飲食店や惣菜屋さんは、そのほとんどが商材や自分の生活で必要な物資は同じ商店街で仕入れているとのことでした。商店街における「内需拡大」を図った結果が、元気のよい商店街として、外部の客を呼び込む要因となっているのです。

自分が必要とするものをショッピングセンターで買っていては、周りが活性化しないのです。

元気のよい商店街には店頭に客がいなくても売り子の声が響いています。その声は互いが打ち消し合っているのではなく、応答しあって通りにリズムを与えているのです。

また車の通行がなく、子どもが遊び回っていることも特徴になります。住宅街と同じで商店街にも子どもの声や姿があると、商店にも活気があり、買い物客にも笑顔が多くなっています。

## 4 楽しく商売をする

### ○後継者がいなくても悩まない

元気のない商店街ではどこの商店を訪ねても、「後を継ぐ人がいない」というのが共通の悩みで、「だから」活性化に取り組もうという意欲をなくしているのでした。

では、砂町銀座商店街や興福寺松原商店街では後継者が見つかっているのでしょうか？

答えは否です。なのになぜ元気がよいのでしょうか？

砂町銀座商店街振興組合の竹井理事長にもこの疑問を投げかけてみました。

「ほとんどの店は後継者が決まっていない。だけど、儲かる事業を続けていれば必ず後継者は出てくる。そのためには自分たちが楽しく商売し続けることが大事」

「皆さん決して若いとはいえない世代の方々なのに元気がいいですね」

「元々わしらは元気がいいんだ。元気がいいものが年をとっただけのこと」

といって、笑っていました。


「楽しく商売をする」心意気が、商店街に元気を与えているのです。


後継者問題を解決するヒントはこの理事長の言葉にあります。

事業を継ぐよりも勤めたほうが収入がよい状況のままならば、よほど義理堅くない限り後継に名乗りをあげないでしょう。また、現経営者がつまらなそうに仕事を続けていればなおさらです。

「つまらない仕事」「儲からない仕事」のまま、子どもたちに継がせようと考えても拒否されるのは当然のことなのです。

きれいでカッコよい仕事でなくても、「楽しい仕事」「儲かる仕事」に育て上げていれば、子どもたちだけでなく従業員であっても、その事業を引き継ぎたいと考えるのです。

# 第8章

# 問題を解決する

## 1 商店街を構成する7つの要素

商店街として成り立つためには、それを裏づける理屈があります。それは「立地」と「商圏」という2つの要素で理由づけされますので、「立地」とは何を指しているのか、また「商圏」とは何を基準に考えるのかについて記していきましょう。

**「立地」**には、

### ① 消費者を誘導する施設に隣接している

誘導する施設とは駅や娯楽施設、学校や大きな事業所などです。

駅前商店街はこの要件を満たしていることになります。

### ② 認知されている

そこに商店街があることを広く知られているか、また近くから入り口が見えるかなど、広告や宣伝、看板表示などをしなくても、客が立ち寄る下地ができていることです。

**③　導線を構築している**

導線とは①からつながる人の流れや、一方の集客施設とあと一方（たとえば駅と工場やスーパー）とを結ぶ人の流れをいいます。

**④　交通の便、または駐車場が完備している**

バスなどローカルな交通手段を使わなくても行ける場所、または車で行っても駐車場に困らないなど、訪問しやすい場所にあることを指しています。

「**商圏**」には、

**⑤　マーケットの規模**（住民数や企業数、駅などの昇降客数など周辺の市場ポテンシャルの大きさ）

**⑥　消費力と質**（住民の職業構成や年齢構成、流入人口や平均収入、消費力など質的なデータ）

⑦　**ポイント規模**（車の交通量、人の通行量）

という要件が挙げられます。

しかしこの7つの要件をすべて満たしているとしても、賑わう商店街にはなりません。

**この7つの要件にプラスするもの、**それは「**時流**」と「**やる気**」なのです。

ざっくりいって、駅前通りの商店街は①②③④を満たしており、立地には申し分ありません。

しかし賑わいをなくした商店街の多くは、駅前商店街なのです。

なぜなのでしょうか？

それは、⑤⑥⑦の要素、すなわち商圏が成り立たなくなってしまったのです。

商圏が成り立たなくなってしまった理由は、駅から住居など目的地へ向かう人の流れが、バスやマイカーなど手段が多様化したことによってなくなった、または区画整理や駅の整備によって改札口が変わったりしたことによって、③の導線が消えてしまったことによります。

そして何よりもその商店街で売られている品物が、消費者の感覚（センス）からずれてしまっていることによるでしょう。

商品も売り方も、「時流」を無視したのでは消費者についていけません。

しかし立地条件をすべて満たしていたため、過去は何もしなくても売上を継続することができました。そのため商圏を構成する要因がなくなったときであっても、「考える訓練」ができていないため、何も対応できずに廃れるに任せてきたのです。

この状況に陥ると「やる気」も失せて、そうした様子を見ている子どもたちは事業を継ごうとせず、結局は後継者に悩むことになり、「やる気」をなくすという悪循環になってしまうのです。

駅前商店街が廃れていく原因は、

① 商圏が成り立っていない

② 時流の変化を受け入れる柔軟さがない

③　考える訓練ができていない

の3つに集約されるといって過言ではありません。

「時流」は刻々と変化し続けますから、常にアンテナを立てて情報をキャッチしなければなりません。また「やる気」は、儲かっていればやる気になるという人がいますが、どうすれば儲かるか、挑戦を続けることが一番のやる気になるのです。

これら7つの要件は、文中にたびたび登場しますので覚えておいてください。

基本的にはこの要件が満たされていなければなりませんが、すべてを満たすことは簡単ではありません。そこで不足する要件を何で補うかが活性化させるポイントになります。

それが次に記す「時流」をつかむことなのです。

## 2　時流をつかめ

### ○時流とはなにか

平和な時であっても戦時下であっても、時の流れは止まることはありません。

この時の流れはそのまま、政治の変革であり、経済の変革となり、それによって人の価値観は大きく変わっていきます。価値観が変わるということは「求めるもの」が変わるということであり、その変化する「求めるもの」を提供している事業体が、儲かる事業体となっているのです。

時流が変わるということは、経済の主流が変わることになります。

時流には政治や経済界が主導するものと、生活者主導のものがあります。政治や経済界が主導する時流は、国民よりも国家権力が強い時代や景気が右肩上がりの時代に起こることが多く、生活者が主導する時流は不況下で起きています。生活者が主導する時流が起きたときには、政治や経済界は後手後手となって対応が追いつきません。

時流と勘違いしやすいものに流行がありますが、流行は産業界が広告代理店などとともに、作為的に作っているはやりすたりで時流ではありません。

流行の主流となる色やデザインは、いくつかの広告代理店が統一テーマを決めて、車からコスチュームにいたるまで仕掛けた結果、大きなうねりとなっているので、自然に発生したものではありません。

流行やブームはこうして作為的に起きていますから、短期間に入れ替わっていきます。

## ○政治主導の時流と消費者主導の時流

それでは時流を把握するために、近代日本を振り返ってみましょう。

明治維新当時、列強諸国は、世界各国を3等評価していました。

1等国とはイギリスやフランスなど植民地支配をする国で、3等国は支配される国だったのです。

日本の植民地化を図っていた1等国に対峙するためには、日本も1等国にならなければ（植民地支配）と、当時の明治政府は考えました。そこで富国強兵政策をとりました。

武力を強めるためには外国の最新鋭の武器が必要でした。そこで外貨を稼ぐことが政策となり、輸出産業が奨励されました。

明治から昭和初期までは「富国強兵」が時流であり、外貨を稼げる蚕糸産業や天然資源である炭坑産業が時流をつかんだ産業となったのです。明治から昭和初期にかけて、これらの事業者は大儲けをし、また近代経済を担う大企業としての基礎を築きました。

昭和も10年頃からの時流は「戦争」となり、軍需産業が躍進しました。すなわち時流は戦争、時流をつかんだのは自動車、船、飛行機、兵器などの軍需産業となったのです。

昭和20年（1945年）、戦争に負けてゼロからのスタートが始まりました。これは事業者にたとえるならば、破産からの再起になります。

時流は「再建」となり、荒廃した国土の立て直しに活躍したのは土木建設業になります。この頃から田中角栄の時代までは土木建設業が時流をつかんだ儲かる事業となりました。時代は重なりますが、所得倍増計画を打ち出した池田内閣から森内閣前までは消費は美徳といわれて、「消費」も時流となりました。

経済の復興につれて推し進められた、アメリカの経済戦略である「消費思考」は、テレビの普及とともに家庭に浸透していきました。

テレビでは多くのアメリカのホームドラマが放映され、「物質的に豊かな生活がいかに楽しいか」、日本を洗脳していったのです。

多くの国民は「楽しく便利な生活」に憧れ、経済も立ち直ってきた（神武景気）頃には白黒テレビ、冷蔵庫、洗濯機が「三種の神器」ともてはやされました。所得倍増時代にはその内容もグレードアップされ、カラーテレビ、車、クーラー（エアコン）が三種の神器となり、それらのメーカーも、時流に乗った儲かる産業となったのです。

それに拍車をかけたのが、諸外国の消費力増大に順応した輸出の拡大でした。

森内閣の頃にはアメリカのＩＴ革命を受けて何でも電子化することが時流となり、インターネットや携帯電話の普及とともに、情報産業とＩＴ関連事業が大きな儲けを出しました。すなわち敗戦からバブルの崩壊まで、時流は「再建」から「消費」へ、そして「ＩＴ」へと移っていったのです。

これらはすべて政治主導による時流になります。

さて、金融不安から世界経済が混迷状態に入った今、この状況から脱却するために「公共事業の前倒しを」と不必要な公共投資を声高に訴えている人がいますが、これは「再建」の時代に「蚕糸」だ「軍需」だとさけぶのと何ら変わりがないのです。

過去、時流に乗って儲けた人が、再びその時流を呼び戻そうとしても、「時の流れ」すなわち時流を逆行させることはできません。

この低迷から立ち直って儲けるには、「今の時流」をつかむ以外、方法はありません。現に、ほとんどの企業が赤字決算を余儀なくされている時であっても、黒字で元気のよい企業があり、それらはすべて今の「時流」をつかんでいるのです。

では、**今の時流**とは何でしょうか？

それは近代日本においては初めての生活者主導で始まっており、「**我慢**」と「**節約**」そして「**エコロジー**」と「**健康**」になります。

なるべくお金を使わずに生活を維持し、ストレスを解消しながらも地球環境は守り、健康に過ごしたいと生活者が願っていることが、そのまま時流となっているのです。

この時流は当面の間、変わることはないでしょう。変わるとすれば政局的報道ではなく本当の意味で、経済が活性化された時となります。

最近では勤める人たちが男女の別なく弁当を持参するようになり、いくつものレシピ本が発売されるようになりました。これも時流である「健康」（余分なカロリーを取らない）「節約」（昼食代を抑える）「エコロジー」（弁当箱を使うのでゴミを出さない）を受けてのことになります。筆者も以前は出張のたびに駅弁を買っていたのですが、価格が高いのと、どう見てもあの過剰包装による大量のゴミが気になり、最近では家庭で作って持っていくのです。

## ○我慢の領域と節約の領域

「エコロジー」と「健康」についてはここで説明しなくてもご理解されていると思いますから、「我慢」と「節約」という時流をどのように事業に活かしていくかを考えてみましょう。

まず「我慢」と「節約」はどのように違うのか、把握してください。

「**我慢**」とは、**なくても生活を維持していくことができる**領域にある商品や分野のことを指しており、ブランド品やグルメレストラン、レジャー・ファミリーカーや家電製品、携帯電話やゲーム機器などになります。

「**節約**」とは、**生活を維持していくのに欠かせない領域にある商品**（生活防衛商品）や分野のことです。

主食である米や小麦粉、副食である雑魚や野菜、また水道代や電気代などのライフライン維持費がこの領域にあり、なくてはならないものでありながら、一定量（大量に）の消費をし続けなければならないものになるのです。

たとえば、生命を維持するのに欠かせない、食べ物を調理してサービスするレストランであっても、グルメ嗜好の店やファミリーレストランは「我慢」の領域になり、定食屋さんは「節約」の領域になります。

セミナーでもたびたび、定食屋さんも我慢の領域ではないのかと質問を受けますが、定食屋さんへ家族揃って出かけることは皆無に等しく、定食屋さんを利用するのは勤め人や自炊のできない独身者が中心となっています。すなわち彼らの生活を維持するための部類に入るのです。

家電でいえばＡＶ関連機器やクーラー、洗濯機などは「我慢」の領域であり、電球などの照明器具は「節約」の領域になるのです。

## ○時流を商売に活かそう

今の時流が「我慢」と「節約」にあるとすれば、消費者はどんな心理状況にあるのでしょうか。

「我慢」をしていれば不満・ストレスが溜まります。ならば「我慢しなくても、預金を減らさなくても満足できますよ」と不満を解消する方法をビジネスとして立ち上げるのです。

節約をしていれば、同じものなら「もっと安く買う方法はないのか」と模索を繰り返しています。

この消費者動向は、インターネットによる売上の増加で見ることができます。

私は今までどのセミナーでも、

「ネットで販売して事業を運営できると考えてはダメですよ。ネットで売上が成り立っているのはごく一部に過ぎません。自分もその一部になれるのだと錯覚すると潰れることになります。個人的に開いたホームページが消費者にヒットすることは皆無に等しいのです。ネットは自分の存在を告知するだけと意識してください」

と話してきましたが、今やバーチャルモールに参加するまでもなく、個人のページであっても簡単にヒットし、売上に結びついているのです。

それは**商品を紹介する言葉に「我慢」「節約」が入っていることがポイント**になっています。

消費者は我慢によって不満が生まれ、それを解消してくれるもの、それにプラスして安く購入できるものを探しているからです。

ならば「節約するならもっと節約できるように協力しますよ」とメッセージを送り、その言葉に合った商品や環境を提供すると、それは時流に乗ったビジネスとなり、あなたは儲ける人となるのです。

この最たるビジネスが廉価販売になります。

そして「我慢の領域」で事業を行っている人は、我慢によって生まれる「不満」を解消する事業に転換すること、また節約の領域で事業を行っている人は、より安く売れるよう、仕入や販売の方法を変えることです。

これで成功しているのが高級ブランド品のレンタルであったり、車のシェア（共有）ビジネスなのです。

# 3 敵を知り己を知る

## ○自らに不足している部分を知る

元気のない商店街では、寂れてしまった理由として共通の認識を持っています。それは「消費人口の減少」と郊外に「大型店舗」ができたからダメになったということです。そして「若者が来なくなり」、「客は年輩者」しかいないといいます。

しかし、こうした要件は、いずれも寂れた原因ではありません。大型店舗も商店街と同じ条件のうえで商売をしています。これらの要件が原因だとするならば、同じ条件で営業している大型店舗も進出してくることはできません。大型店舗は同類店舗の出店しているそばに開店することが多いことをみても、商店街が衰退する理由は他にあると考えなければなりません。

自らが「そうだと思い込む」思考に原因があります。

そして「ダメになった理由」と思い込んでいる要因は、自分たちの努力では打ち勝てないと決め込み、何も行動を起こさないところに、原因があるのです。

## ○商売の戦略とは

次々と郊外に開店する大型店舗は、確かに集客力があり、駅前のデパートの存在すら脅かすことがあります。

しかし、よく考えてみましょう。郊外へ出店してきた駐車場を完備した大型店舗という「店舗形式」が、地元の商店街やデパートを脅かしているのではありません。脅威となるのは、その「販売戦略」なのです。

地元の商店街には販売戦略がありません。だから負けてしまうのです。

「大型店舗の進出」が商店街をダメにするのではなく、**「販売戦略」がないから負けてしまう**ことをしっかりと認識してください。

戦略を立てるのは「敵を知り己を知る」ところから始まります。

大型店舗は進出を決めるまでに「市場性（敵）」を調べ、その実態に「己を合わせられる＝扱い商品や売り方が受け入れられる」と判断したからから進出し成功しているのです。

戦を行うときに、敵の武器の数や種類がわからないで挑んで、勝てることはありません。ロケットを持っている相手に竹槍で手向かっても、勝つことは到底無理なのです。なのに、個別行動を繰り返してきた商店は、「敵」を知ろうと努力することなく、自らの武器（商品や売り方）で勝てると思い込んでいるのです。パンを食べたいと思っている人に漬け物を売ろうとしているのと同じで、敵（消費者）の欲求を知らないと買ってはくれません。

太古の昔から近代まで、戦に挑むときにはまず、相手の兵士の数や武器など武力を調べました。そして、同時に自分の武力も確認します。双方を対比して勝てると思えば挑みますが、明らかに抵抗手段がないとわかれば、無駄な戦いは行いません。

商売は「商戦」という言葉が使われているように、ある種の戦になります。あなたは毎朝シャッターを開けるときに、「敵＝市場・顧客」を調べて開けているでしょうか？

もし準備万端整えて開けているとしたら、シャッター街にはならないでしょう。

敵（消費者の意向）を知ろうとしないで「昨日開けていたから今日も開ける」繰り返しでは、商戦に打ち勝つことはできません。

販売戦略における「敵を知る」とは、商圏に居住する消費者の①世代、②職業、③収入、④支出割合、⑤性別など、消費能力と消費指向を把握することになります。

まず、商店を利用する人たちは、どの辺りから来るのか知らなければなりません。スーパーなどの販促担当者は、自転車でゴミ置き場を回って、自分の店の買い物袋が捨てられているのを確認しながら、来店客の範囲を見定めています。アンケートをとるなりチラシを利用するなりして範囲を確定していきましょう。

商店街を中心にして東西南北ともに範囲が把握できましたら、それを線でなぞってみるといびつな円ができます。これがその商店街を利用する人たちの住んでいるエリア／商圏（商売の範囲）となります。

## ○商圏の把握と分析（敵を知る）

商圏が把握できたら次の作業にかかりましょう。それは商圏を構成する性別と世代を知ることになります。市役所へ行って調べるなり、聞き取り調査を行うなどすれば難しいことではありません。

世代がわかれば、次は**職業・収入・消費能力**を調べましょう。これによって販売できる**価格帯が把握**できます。

この3つを同時に調べるのは、職業によって収入格差があり、結果的には消費能力と結びつくからです。

調査する消費対象は、時流で説明した「節約の領域」に対する消費能力になります。景気の変動に振り回されない商店街を構築する基本は、なるべく多くを「節約の領域」の店舗で固めなければなりません。

そのためにも何かを調査する場合は、常に「節約の領域に対して」と限定してください。

ここまででざっくりとした、敵（商圏を構成する要素と要求）がつかめたでしょう。ではこれをもとにして、「己を知る」作業に入りましょう。

**○自らの対応能力（己を知る）**

「己を知る」とは、商店街がどこまで商圏の要求に応えられるかを分析することになります。

その世代が求めるセンスや価値観の商品で、商店街が構成されているでしょうか？
その消費能力に応じた価格帯の商品で、商店街が構成されているでしょうか？
これから増えていく年輩者の消費能力や安全を配慮した商店街になっているでしょうか？

こうやって敵を知り己を知る作業を行いますと、寂れていく商店街はすべての点検事項が「否」となり、「勝てない戦」に挑んでいたことがわかります。

**商売は消費者が販売者に合わせるのではなく、販売者が消費者に合わせなければ一個たりとも売れません。**繰り返しいいますが、大型店舗は敵を知り（商圏の構成要因）自らがそれに合わせようとしているから、繁盛しているのです。

商店街が元気を取り戻すために「己を知った」ら、消費者に合わせるための変革に取り組みましょう。

## 4 実例による戦略

### ○マーケットの把握と分析

中堅都市に位置する商店街を例にして、戦略を立ててみましょう。
最初にするのは「敵を知る」作業ですね。

この商店街は半径2キロメートルを商圏にしています。
駅からは少し離れており、5年前には郊外にハンバーガーショップを併設した大型店舗が開店しました。それを機に商店街を訪れる人は減り、年輩者が多くを占めるようになったといいます。

商圏を構成するエリアには20代以下が20％、30代が15％、40代が20％強、50代が25％、60代以上が20％となっています。若い家族層は35％強になります。

職業では学生や無職、年金生活者が60％以上を占め、一世帯平均の月間消費能力は12万円でした。そのほとんどは生活を維持するための出費、すなわち「節約の領域」で消費されていました。

　では、この住民を商圏とする商店街は、彼らの出費を受ける器になっているかどうか見てみましょう。己を知る作業です。

　まず商店構成は60％強がブティックや眼鏡店、旅行代理店やおしゃれ小物、和装店など、「我慢の領域」で成り立ち、商圏の消費対象材である食品などを扱う「節約の領域」の店舗は40％を切っているのです。

　商圏の**住民は「節約の領域」で消費**しているのに、**商店の構成では節約の領域は40％弱**しかありません。ということは、**消費力の多くは「商店街以外」で使われている**と解釈して間違いないのです。

　60％強を占める「我慢の領域」の店舗も、一部は商店街には必要ですから、その内容を確認してみましょう。

　ブティックは対象とする世代を広げすぎて特徴がなく、年輩者向けのブラウスなどが目立ちます。おしゃれ小物の店も今の使い捨て志向にはそぐわない、宝飾としては価値がない中途半端なものが並んでいます。若者が好むデコパージュ類は扱っていません。

メガネ店も貴金属との併売をしていた頃の名残があり、いくつも持って気分によって使い分ける今の消費者嗜好とはかけ離れているのです。

## ○改善戦略

では、この商店街に客を戻すためには、何をすればよいのでしょうか？

それは、店舗構成と扱い商品を変えることから始めるのです。

「我慢の領域」の店舗を減らし「節約の領域」の店舗を増やすのです。

そのためには序文で記した「一致団結」を目指しましょう。どんなに危惧を感じて立ち上がっても、必ず何人かは反協力者が出るでしょう。そうした人は無視しても大丈夫です。ただし全体の1割弱に止めなければなりません。

「節約の領域」とは、生活を維持するために必要な分野だといいました。そのためには惣菜や食材が6割以上を占めるようにするのです。


**惣菜や食材は買い置きすることが難しいですから、消費者は頻繁に商店街を訪れるよう**

**になります**。これは**活性化の第一**なのです。

そして惣菜や食材を扱う店舗には元気のよいお兄さんや奥さんがいますから、彼らが商店街に活気を与えますし、また彼らの裏作業を表に出すことによって、パフォーマンスが生まれ、道行く人を楽しませることができます。

残った4割弱の店舗は「我慢の領域」になりますから、扱う商品の内容を変えなければなりません。

我慢の領域で扱っている商品は高額なものが多く、出費を抑えるために「欲しいけど買えない」ものになります。

我慢すれば不満が生まれます。「我慢の領域」が生き残るのは、我慢することによって持つ不満を解消してあげることですから、同じ分野の商品を扱い続けるにしても「良いもの」を「安く」と入れ替えるのです。

たとえばおしゃれ小物を扱うならば、若いお母さんを対象にした雑誌を研究して、「どんなものが好まれているか」を勉強し、思い切って入れ替える必要があります。

売り方などもそうした世代が買い物をする繁華街やショッピングセンターへ出向き、自らの目で確かめて真似ることです。

この商圏を構成する世代の45％強が、中高年だということもわかりました。「若い人が来ない」というマイナス現象は、逆の見方をすれば「年輩者が多く訪れている」ことになります。

年輩者は大型店やデパートをあまり好みません。散歩がてらに出かけられるところが欲しいのですが、そうした場所は用意されていないのが実情です（最近はデパートの多くがエスカレーターロビーにソファーやベンチを置くようになりました）。

ならば商店街は、年輩者が安心して散歩に来られる場所にすればよいのです。

こうした配慮をもとにして再構築していけば、1円安くする競争で潰れていくことはありません。

日本一の集客を誇るといわれている原宿の竹下通りは、歩けないほどの若者で賑わっていますが、ここに集まる若者は近隣からの訪問者が多いのが特徴です。あの人込みを見て道筋の商店はたいそう儲かっていると推察する人が多いのですが、通りを歩く若者の平均的な小遣いをご存知ですか？

5千円持って出かけてきて往復の電車賃で4千円、スナック菓子かおやつかわからないような食事に4～5百円使い、買い物予算は5百円しかありません。

では、商店街を散策する年輩者の場合はどうでしょうか。

平均すると８千円は財布に入っています。近所に出かけてきたのですから交通費もかかりません。その気になればこの８千円は全額、商店街で消費することも可能なのです。

商店街で**若者**を見かけたら**「元気」が歩いている**と思いましょう。そして**年輩者**を見かけたら**「お金」が歩いている**と思うのです。心構えが変わってくるでしょう。

これからは年輩者がもっと増えるといわれています。

商店街の未来は明るいではないですか。

第9章

# 商店街を活性化する8つのポイント

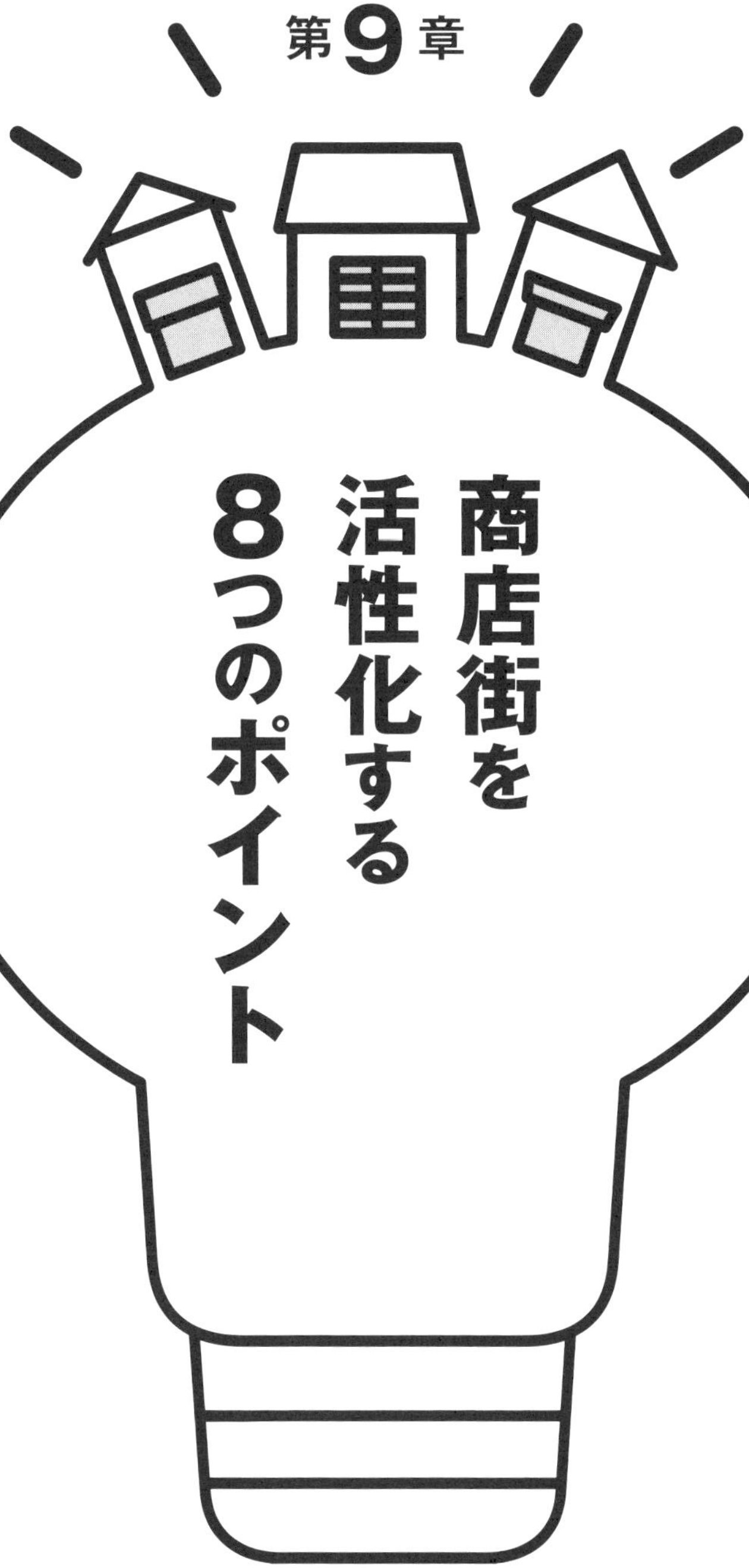

ここまでで商店街がなぜ活気をなくしたのかについて記してきました。もう気づかれたと思いますが、活性化するにはこの逆をやればよいことになります。そこで、ここからは逆の手法を具体的に記していきましょう。

## 1 8つのポイントは2つのサービスに大別される

盛況な、また衰退する商店街を各地で見てきた結果、活性化させるポイントが明確になりました。それをまとめましょう。

ざっくりと見て、ポイントは2つに分けることができます。

1つは、客の「**期待に応えるサービス**」に徹することになります。

期待に応えることによって当然のごとく、消費者は商店街に興味を抱きます。

期待に応えるのは小売や接客業だけではなく、技術開発や芸能活動などすべての分野で成功を継続させるために欠くべからざる要件となります。

商店街でいうならば、「安全なもの」で「美味しいもの」を、また「トレンディ」で「素材のよいもの」をそれぞれ「いかに安く」売るかとなるでしょう。

２つ目は、**「期待を超えたサービス」**になります。

期待に応えたサービスができても、やっと量販店と横並びできたに過ぎません。この時点で対等な集客条件が揃っただけです。ということは、消費者は常に双方の商品と価格を見比べ、条件のよい店舗を選択し続けるのです。

販売条件が大きく違う場合は効果がありませんが、多少劣勢の場合ならば、堂々と量販店に対抗できる手段があります。それが「客期待を超えたサービス」を提供することなのです。

期待を超えたサービスは、**商売のブランド化**（独自性）によって可能です。

商売をブランド化させるのは、

①　他店では真似のできない、独自の味や形

②　前例のない商品

③　前例のない売り方

等によって一工夫すれば、どんな商品を扱っていてもできるのです。

詳しくは「〈ポイント１〉コンセプトを明確にすること」の項をご覧ください。

**〈客の期待に応えるサービス〉**

① **マーケットリサーチを徹底し商店街そのもののコンセプトを明確にする**

理由：大型店舗ができてもその影響を最小限にできる。

② **商店主のための商店街ではなく、消費者のための商店街をつくる**

理由：どんなきれいな街ができても消費者が来なければ意味がない。

**〈客の期待を超えたサービス〉**

③ **通りはカラータイルではなく、材木で作る**

理由：雨水を地下に戻し自然循環を行うので環境保全になる。
歩くときに足に与える衝撃が柔らかくなるので、高齢者や子どもに優しい。
転んだときに怪我をする確率が低い。
間伐材を利用し山林業の援助ができ、ひいては環境保護に貢献できる。

④　**アーケードはいらない**（共通したイメージの雨よけを各店舗の入り口に設置する）

理由：余計な経費をかけない。

補修費用がかからない。

自然光を取り入れ、省資源、エコロジーに貢献できる。

⑤　**通りの幅は狭くする**

理由：広いと混雑感がない。商店街にはある程度の混雑が必要。

⑥　**コミュニティの場とする**

通りのセンターに部分的に緑地とそれに併設したベンチを設置する。

理由：買い物目的でなくても出かけていきたいムードをつくる。

休息できる場所がないと高齢者や家族連れがゆっくりできない。

⑦　**年輩者に配慮した街づくり**

理由：これからは高齢者社会といわれているが、年輩者が出かけるときに一番心配なのはトイレと休憩。この不安を解消することが招く側の心遣いとなる。

## ⑧ ブランド商店街を目指す

商店構成は大型ショッピングセンターに類似せず、「節約」の領域である「生活維持商品」が7割以上占めること。そしてその半数以上がブランド（独自）であること。

残りは夢を与える商品を扱う。

理由：この商品構成であれば大型店との差別化が明確になり、存在の意味がある。
　生活維持商品がメインで半数以上がブランドということは、それぞれの味を生かした惣菜類になり、買いだめするより毎日少しずつ違ったものを求める傾向があるので、商店街へのリピートにつながる。

ここに挙げた8つのポイントを実現させるためには、代々続いてきた商店を説得し、全体のコンセプトに合わない店舗は商売替えを勧める必要があります。廃業したままの店舗に対しては、貸店舗にしてコンセプトに合った店舗の誘致を図る必要もあります。

しかしこうした施策はなかなか思いどおりには進みません。

その理由は商店街の成り立ちにあるといえるでしょう。

第1章の「一致団結できるか」の項を参照して、考えられる理由すべてを書き出し、「なぜ反対しているのか」「ならばこうしよう」と、疑問と試行を繰り返してください。どんな問題も必ず解決できます。

さて、活性化に取り組んでいる人たちにとっては、シャッターが閉まるに任せるわけにはいきません。

しかし廃業したままであっても他所に移るのは嫌だといって店舗の裏に住んでいるとか、いったん貸すとなかなか出てもらえないといった不安などがあって、そう簡単には計画が進みません。

よしんば店舗の貸し出しに同意したとしても、誰が新しい店舗の誘致に動くのかといったことも、障害として立ちふさがることでしょう。

活性化させるためには、コンセプトを統一しなければなりません。

そうした多くの問題に対処するために最適と思われるのが、商店街を運営する法人を立ち上げ、廃業者の不安や問題の解消に取り組むことではないかと考えられます。

幸いなことに自治体においても、それが問題解決の一つだと気づき、法制化するところが増えてきました。

たとえば東京都では、東京都中小企業振興公社が窓口となって、「商店街パワーアップ基金事業」と名付けて助成事業を始め、商店街が法人化することをバックアップしています。

この事業は、

「商店街活性化を目的に会社またはNPO法人を新たに設立する商店街会員、中小企業事業者、NPO、商工団体」を対象にして、

「株式会社やNPO法人が商店街と協力して実施する商店街活性化のための収益事業に対して、また、商店街の会員等がこれらの事業を行うために法人を設立する場合に対して、経費の一部を助成し、助言を行う専門家を派遣する」とあります。

助成限度額は2000万円で助成率は2分の1以内です（平成21年度の場合）。

（詳しくは各都道府県の助成課へお問い合わせください）

次に、今まで記してきた「ダメになる商店街」と「元気のよい商店街」を参考にして、ここで挙げた「活性化させる8つのポイント」を具体的に見ていきましょう。

いよいよ商店街の作り替えに取りかかるのです。

## 2 〈ポイント1〉コンセプトを明確にすること

最初の作業は「客の期待に応えるサービス」を提供することになります。期待に応えようとするならば、期待の内容を知らなければなりません。そしてその「期待に応えていますよ」との意思表示が明確になされないと、客に伝えることはできません。

意思表示を明確に伝える最善の方法は、その商店街のコンセプトを明確にすることなのです。それは「どんな商店街をつくるか」を決めることから始まります。

### ○合い言葉はオンリーワン

コンセプトを明確にすることは、商店街をブランド化する基本になるのです。

このコンセプトを決めるときの合い言葉は「オンリーワン」。どこかの真似ではブランド化することはできません。無理をして絵に描いた餅にせず、商店街そのままの姿をいかに活かすかを考えることです。

区画整理などによって整備された場合を除くと、商店街のほとんどは個人商店が軒を並べることによって自然発生的に興ってきました。

自然発生には、「何」を目指して、「どんな」商店街をつくるかという目標がありません。これが量販店やショッピングモールが近くにできたとき、対応に苦慮する一因となっています。

量販店や不況に打ち勝つには、今までのような「個の知恵」の集まりから、「知恵の共同体」に変わらなければなりません。

そこで必要なのが、「商店街の位置づけ」すなわちコンセプトを明確にすることなのです。

商店街のパターンは、

① 「日常生活を売る」商店街（節約の領域／砂町銀座や横浜橋など）
② 「夢を売る」商店街（我慢の領域／東京・銀座や青山など）のいずれかで、
③ 「外部からの集客を目的」とした商店街　または
④ 「地域に密着」した商店街

のいずれかになります。

その特徴だけに特化しているところ（たとえば①だけが店舗構成の60％以上を占めている）と、２つのコンセプトが融合した（たとえば①と④など）ところは、元気のよい商店街となっています。

ダメになっている商店街に共通するものは、これらが混在している中途半端な街づくりであることが、よくわかったのです。

なぜそうなっているのかは明快で、どの経営者にも店舗を構える商店街が「販売共同体」であるとの意識がありません。

**商店街は**デパートやショッピングモールと同じで、**一つの営業スペース**との意識を持たなければならないのです。

## ○日常を売るのか夢を売るのか

「日常生活を売る」商店街とした場合には、景気の動向に関係なく維持していける可能性が大きいのですが、「夢を売る」商店街の場合には景気の影響を受けやすく、好況期であっても、近郊に高級感のある店舗やこざっぱりとしたショッピングモールができると客足が遠のいてしまいます。

ましてや不景気が長く続くと、その商店街は廃れるか、様変わりをしていくのです。

「夢を売る」商店街の代表格である東京・銀座も長引く不況の影響を受けて、一着数十万円もするブティックの隣には洋服の量販店が進出し、高級を売り物にしていたデパートの隣に、安さで勝負するカジュアルショップが軒を並べるようになりました。

## ○外部から集客する

では「外部からの集客を目的」とした商店街を考えてみましょう。

地方都市においては、住民の減少が商店街の運命を左右しています。

そこで生き残り策として、外部からの集客ができないか模索するのですが、外部からの集客を目的とした場合は、一時的には話題性もあって人が集まってくる可能性があっても、これはあくまで一過性のものであり、商店街の繁栄には結びつきません。

ましてこの場合の多くは、資金投入してアーケードや施設を作り替えていますから、最初の話題が消えてしまえば、残るのは借金だけになってしまいます。

観光地や際立った地域特性がない限り、外部からの集客を目論んでは失敗しやすいでしょう。

## ○地域に密着する

では「地域に密着した商店街」をコンセプトにした場合はどうでしょうか。

基本は「**歩いて**」買い物にくることです。そして札入れを持たなくても、小銭入れで出かけてこられる「**日常生活の不足**」**を買いにくる**ところです。エプロンをつけたまま、サンダルを引っ掛けて立ち寄れる店が並ぶところです。何よりも、子どもやお年寄りが気楽に出かけてくるところとなります。

これこそが、商店街本来の姿なのです。

店舗の構成を見ましても、「よそ行きの顔」をしつらえるための商店構成ではありませんから、カッコよくはありません。しかし「地域＝ご近所」に関わった商売を展開していれば、「身の丈」で商売できますから、失敗する確率は極めて少ないのです。

駅ビルやショッピングモールなどはコンセプトを明確にし、その方針に沿わない店舗は入居させません。

たとえば、この地下食料品売り場では、生産者の顔が見える商品だけを集めようと決めると、大量生産をしている大メーカーの商品は一切展示しません。展示しないことによって「差別化（ブランド化）された売り場」とのイメージをより強くすることができるからです。

不況下において唯一業績を伸ばしているデパート「駅ビルLUMINE」では、「楽しむショッピング」をコンセプトにして、定期的に売り場の位置を入れ替えたり、業績に関係なくショップそのものを入れ替えています。

それぞれのショーウインドーや商品そのものも、こまめにディスプレイを変えているので、買う目的がなくても散歩がてらに立ち寄り、見れば欲しくなるという相乗効果で売上を伸ばしています。

## ○「誰のため」「何のため」の商店街か

このようにコンセプトを明確にする場合には「誰のための」「何を」「何のために」「どんな価格で」販売するかを決めなければなりません。

そして対象とした消費者の「世代」に合わせて、どんな「付加価値（付属設備）」を準備するかが決まり、それを完備させることによって方向性を持った商店街が生まれます。

では「**誰のための**」商店街なのか考えてみましょう。

ここで間違いやすいのが、「商店主」が商売しやすいための商店街という考えです。

再構築されてイメージアップを図ったところも含めて、多くの商店街はこうした錯覚によってつくられているために、消費者が遠のいてしまっています。

商店街は「近隣消費者のため」のものであると、考え方を正してください。立派な店構えをつくって店主がどんなに自慢しようが、消費者が見向きもしなければ商売は成り立たないのです。

では「何を」扱うのが妥当なのか考えてみましょう。

商品には「我慢の領域」の商品と「節約の領域」の商品があることを記しました。高級バッグやメガネなど「我慢の領域」にある商品は、「買い置きできる」商品で、わざわざ出かけていくところで扱われるものです。

近郊にデパートや量販店がなかった頃には商店街での存在価値がありましたが、近郊にデパートや量販店ができたら、商店街で売られるものではなくなったのです。なぜならそれらは日常生活を維持するためのものではないからです。

商店街の目的が住民の生活を維持するためにあるならば、おのずと扱うものは毎日使うものとなります。

毎日使うものには日用雑貨のようにある程度買い置きをするものと、食品のように買い置きができないものとありますが、日用雑貨の扱いはお勧めできません。なぜなら郊外の大型店やディスカウントショップ、ドラッグストアなどの販売価格に、個人商店は対抗できないからです。

売れないから大量に仕入れられない、大量に仕入れられないから安くできない、安くできないから売れないというジレンマに陥ってしまいます。

生活にゆとりがあった時には、「多少高くても近所で便利」との思いから多少は売れていても、今はわずかな出費でも抑えたいと願っているのが消費者です。

一時は栄華を極めたコンビニが衰退し、どんどん廃業に追い込まれているのは、こうしたバックグラウンドからです。

便利屋さん的なサービスで少量置くくらいなら影響ないでしょうが、そのための店はやめたほうが安心です。

すると、残るのは食料関係となります。

消去法のような記し方になってしまいましたが、砂町銀座商店街、横浜松原商店街、横浜橋商店街、大船仲通商店街など、平日でも1万人以上の買い物客が訪れる商店街はその6割以上が食に関連する店舗で構成されているのです。

食材の販売方法も引き売りから店売り、小売りからスーパーマーケットへと形を変えてきました。はじめはつくったそのままの形や収穫したままを、雑多に積んだリヤカーを引いて一軒一軒回って売りました。

次の時代になりますと、泥汚れを落としたりきれいに梱包したり、パックや箱詰めにして売られるようになったのです。

これは買う側の便利さではなく、売る側の便利さを追求したことによります。「3個で足りる人に5個売るためにはどうすればよいか」考えた結果、バラではなく箱やパック詰めにするようになったのでした。

すなわち、これは経営者の論理で販売効率を追求した結果であり、スーパーマーケットはこの形を変えていません。

しかし、今は小家族で生活している人たちが大勢を占めています。小家族では箱やパック詰めにした「多くの量」を必要としていません。

地域に密着した商店街が大型店と同じ売り方をしても、消費者にとっては不便なだけで、商店街で買う必要性がないのです。

サンダルを引っ掛けて玄関から数分で行ける商店街では、箱やパックから出して、「必要としている量」だけを販売するべきなのです（同じものなら売り方を変える）。

こうした売り方をすることによって、大型店との差別化（オリジナリティ）ができます。

「節約の領域」の集合体である商店街は「安心」で「良いもの」を、量販店に対抗できる価格で売ることが元気の源になります。

しかし量販店のように大量に仕入れることができませんから、おのずと利益幅にも限度があり、量販店に対抗できる価格で売ることは至難の業でしょう。

では、バラ売りした場合はどうでしょうか？

量販店で5個入り200円で売られているものであっても、バラで売れば1個50円の値を付けることも可能です。

無駄な価格競争に巻き込まれることもないのです。

これは「客の期待を超えたサービス」になります。

商売の利益は「手間賃」というではありませんか。手間を惜しんでまとめて売ろうと考えてはいけないのです。手間を掛ければかけるほど利益が生まれることを忘れないでください。

次に「**何のため**」を見てみましょう。

これは商圏の住民の日常生活を応援するために尽きます。ところによっては遠くから噂を聞いて駆けつける客もいるでしょうが、基本的には商圏住民の生活を守らなければ成り立ちません。

自分だけ儲けようとしても、その商圏の住民が儲かっていなければ買い物に出てきてはくれないのです。

住民を儲けさせるためには、新鮮で安全な食材を、いかに安く売るかが「何のため」の答えになるのです。

ここまでの説明で理解いただけたと思いますが、商店街の**コンセプトの第一は「地域に密着」**した商店街となります。

そしてすべての店舗が「生活者を儲けさせる（喜ばせる）ため」に、商売をしてください。客が喜んでくれれば、必ずあなたは喜べます。これも商売の鉄則なのです。

では、地域に密着した商店街はどのようにつくればよいのでしょうか？

それについては、「〈ポイント６〉商店街は地域のコミュニティ」で述べることにしましょう。

## 3 〈ポイント2〉消費者のための商店街をつくる

これも「コンセプトを明確にする」と同じ位置にある商店街の基本、「客の期待に応えるサービス」になります。

どんなきれいな商店街ができても、消費者が来なければ商売が成り立ちません。

折に触れて何回も記してきましたが、商店街の再構築に取りかかるとき、店舗経営者の意向を聞き取りまとめる努力はしますが、その商店街を利用する消費者に意向をうかがったという話は聞いたことがありません。これでは「客の期待に応える」サービスはできません。

なぜ、消費者は無視されているのでしょうか。

それは、消費者を呼び込むことができなければ商売は成功しないといった、旧態然とした考えが抜けきれていないからです。

## ○呼び込むのではなく近づく

口や態度はへりくだっていても、「売ってやっている」という物不足時代の化石的思考が残っているのです。ですから不足物資が出ると、買い占めて高く売ろうとします。

これを需要と供給の関係で当然というならば、もの余りの今は、安くない店には客が来なくて当然といわれてしまいます。商店街はこうした経済理論で推し量れない部分が大きいのです。なぜなら生活密着ですから、「心」「気持ち」が理論に優先するからです。

現代では消費者を呼び込むのではなく、消費者に近づく努力が求められています。消費者の価値観、求めているものなどを探って、それを取り入れているところが成功しているのです。これが「客の期待に応えるサービス」になります。

そのためには何を差し置いても、消費者の意向を知らねばなりません。

どの商店街でも概ね会長になるのは、古くから商売を続けている店舗の経営者が多く、「守る姿勢」から保守的な考え方が多くなります。

保守的な考えの方が中心になって再構築を図っても、斬新な発想はなかなか出てきません。

会長は商店街をまとめることを仕事としていますので、新たな問題に対応しようとすると、まず会員の意向を聞き、その平均値を求めようとします。その結果、どんな商店街ができあがるのでしょうか。一般的に、再構築したきれいな商店街はどのような手順でつくられたかを見てみましょう。

①　商店街の幹部と会長がイメージをまとめる（店舗を守る思考）
②　商工会議所など商工団体がアドバイスして骨子をつくる（保守的思考）
③　デザイン会社に図面を依頼し見積もりを求める（外観重視）
④　資金の援助を補助金や助成金に求める（責任回避）
⑤　補助金・助成金の給付対象となるデザインに改める（役所主導）
⑥　補助金・助成金給付決定（自己負担軽減）
⑦　デザイン会社から建設・施工会社へ工事を発注（受注者利益優先）
⑧　新装開店（自己満足）

ざっとこのような手順になるのですが、そのどこにも「消費者の意向」を調査する工程は含まれていません。

再構築を考えるとき、補助金・助成金の給付を求めることを考えるのですが、役所は「金を出すが口も出す」ので、すべて商店街の意向どおりにはいきません。

役所が考えた机上の線引きに沿った商店街はできますが、それは消費者が行きたいと思う商店街とはほど遠いものとなってしまいます。

「客の期待に応えられない」「サービスのない」商店街ができあがるのです。

もう一度いいますが、商店街は買い物客が出向いてきて、その存在意義があるのです。

こうした状況に陥らないようにするためには、まず消費者の意向を聞き、消費者が行きたいと思う商店街をつくらなければなりません。

大きな投資をして再構築を図るならば、「客の期待に応えるサービス」を提供することが第一なのです。

そのために望まれる再構築の手順を、前記に準えてみましょう。

① 客は何を求めているか調査する
② 調査結果をもとにして商店街をデザインする
③ 外観ではなく中身をつめる
④ 余計な出費は極力抑える
⑤ 客の期待に応えたサービスを開始する
となります。

ここでのポイントは①の「客の求め・期待を調査する」ことと、④「余計な出費は極力抑える」ところにあります。
外観に金をかけるのは余計な出費です。あくまで商売の基本は中身と価格なのです。なぜ口うるさく余計な出費、外観に金をかけすぎることを制限しているのでしょうか。余計な出費をするとどうなるか、考えてみましょう。

助成金や補助金に期待すると、役所の意向を受け入れなければなりません。
全額補助されるのではありませんから、各自が借金を背負うことになります。借財がありますとその返済に追われますから、販売価格に返済額と金利を加算し、原価価格が押し上げられ、販売価格が高くなります。

売価が高いと売れません。借入金の返済はおろか、金利の支払いすらできない状況に追い込まれ、シャッターを閉めざるを得ないことになってしまうのです。

また各地で話を聞いていますと、補助金・助成金で支給された金額は、ほぼ全額が役所の線引きで架設する設備費用で消えていくとのことでした。

ということは、補助金や助成金で再構築費用として数千万円が援助されるのではなく、商店街再構築の名目で施工業者の仕事を援助しているに過ぎないのです。

そのために店舗経営者が、本来の仕事以外で借入を増やすのはいけません。

そうした思惑から何度も、「余計な出費」をしないよう注意を促しているのです。

アーケードも一見客が来訪しやすいためのように感じますが、一番恩恵を被るのは店舗です。雨によって商品の出し入れや日焼けによる劣化が防げるからです。

来訪客の雨に対する気配りは、店に出入りするときに傘をたたむスペースとして、各店が入り口に大きめの庇《ひさし》を付ければ十分です。

なるべく出費を抑えて客に対するサービスを増やすことです。

## 4 〈ポイント3〉通路は木でつくる

ここからは「客の期待を超えたサービス」になります。

商店街全体で、「健康」「エコロジー」という2つの時流を取り入れましょう。

### ○「健康」「エコロジー」を取り入れよう

多くの商店街では通りをセメントやカラータイルで補強し、雨の日などに歩きやすすく埃が立たないようにつくられています。

確かに土のままより舗装したほうが歩きやすいと思います。しかし歩きやすいと思うのも、一方向の理解でしかありません。硬い地面は身体によくはないのです。

人が歩くとき、一番身体に負担をかけないのは、適度に歩く際の衝撃を吸収する土の上になります。しかし商店街の通りが土のままでは店の中も土だらけになり、商品も汚れてしまうでしょう。何よりも雨の日などは靴が泥だらけになって来訪者の足が遠のいてしまいます。

土の次に負担が軽いのは、草の上と材木の上になります。草の上は引っかかったり根っこ株が多く、安定して歩けません。残るのは材木の上です。

土は歩き続けることによって踏み固められ硬くなりますが、木材の場合はいつまでも弾力を保つことができ、歩行者にとっては一番身体に負担のかからない通路となります。

2009年9月、厚生労働省は女性の年輩者が総人口の4人に1人と発表しました。これからは年輩者が客の大勢を占めるようになります。

年輩者は硬い地面を歩くと、足腰に負担をかけてしまいます。また転びやすく、骨を折るなどの怪我をする確率も高くなります。

再構築するならば、年輩者の安全と健康を考えて地面は軟らかくつくるのが、来訪客に対するサービスの一つとなります。

これからの商店街はただ商品を売るだけでなく、客の健康や地球全体の環境を保全する義務を担ってきます。

アメリカやドイツへ行きますと、平面型モール（高層ビルではない）の歩道を板張りにしたところがたくさんあります。板といっても薄く削ったものではなく、5ミリ以上の厚みがあるか、丸太を半分にして並べたところが多いのです。

木で張られた歩道を歩いていますと、スニーカーで歩いていても足に対する反発が柔らかく、身体に与える衝撃を吸収していることがわかります。

日本でも海岸や川沿いの遊歩道などに板張りのところができていますが、とても歩きやすく、年輩者のみならずジョギングを楽しむ若い世代にも好まれています。

## ○メリットと問題

商店街を再構築するならば、地面から少し上げたところに床張りをつくりましょう。これには3つのメリットがあります。

1つは今記したように歩く人の身体に負担を与えないこと。

2つ目は、雨を地中に流しますから自然環境を守ることに貢献できます。ヨーロッパに多く見られる石畳も雨水を通し、自然循環の保護に貢献していますが、表面に凹凸があり、歩行者に優しいとはいえません。

そして３つ目は、利用価値がないといわれて山に放ったままになっている間伐材を有効利用でき、山を守ること、すなわち水資源と環境整備に協力できます。

そして何よりも、地面をカラータイルで固めたりアーケードを設置するより、数段経費がかからないのです。

しかしここで問題があります。

ほとんどの山の現状では、間伐材を運び出すための道路が整備されていません。

昔のままの、伐採した材木を牛馬につないで引き出す道か、その道すら荒れ果てて獣道《けものみち》と化してしまっています。

この山道・林道を整備しないと、林業者に「間伐材を使いますよ、引き取りますよ」と声をかけても、喜ばれるどころか迷惑顔をされるのが関の山でしょう。

時代に即さないダムや利用頻度の低い高速道路をつくるのを止めて、山を守るための道路整備をやってほしいのですが、どうも役所は「外国から買えるものは買えばよい」と短絡的に考えて、国土の基本的自然整備をやる意思がないようです。

しかし次世代を守るために自然環境を整えていくことは、最大の課題となっています。

遅かれ早かれ山の整備はしなければなりません。

その先取りを商店街が率先できれば、まさに「期待以上のサービス」を客に与えることができるのです。

「何事も○○だからできない」といってしまったのでは、そこから前に進むことはできません。どんな問題にぶつかっても「ならば実行するためにどうするか」と考え行動することによって問題は解決できるのです。

間伐材が使えるところならば、それを使って環境保護に協力した商店街をつくりましょう。悪条件が重なり実行できないとしたら、監督官庁や山林主と交渉を繰り返し、改善策を見つけるのです。

それに時間がかかるようならば、廃材を利用しましょう。「やるぞ」と決めて取り組めば、必ず実現させる方法は見つかるものなのです。

最近では多くの地域で、地元の間伐材を利用して建造物を造る場合には、自治体から補助金が出るようになりました。都道府県の担当部署に相談してみましょう。

# 5 〈ポイント4〉カラーロードやアーケードはいらない

## ○外見を変えても客は来ない

2008年に注目された商店街があります。この商店街が話題になった理由は、一般的に地権者である店主の意向が合致せず大改造が難しかった商店街を、ここでは全員一度立ち退いて計画に基づいて再入居したところにありました。

さぞかし世話役は大変な苦労をされたことだと推察いたします。

その結果ご多分にもれず、カラーロードにドームを併設した高架アーケードと、イメージは一新しました。

世話役も店舗の経営者も、自信を持ってリニューアルオープンの日を迎えたでしょう。

この話題をニュースで知った1週間後、たまたま当地での講演会が予定されており、見学を楽しみにして出かけました。ところが平日だったためか、人通りがほとんどないのです。そこで喫茶店へ入って、経営者に尋ねてみました。

「商店街を作り替えて売上は増えましたか？」
「前と少しも変わりません」
「客足は増えてないのですか？」
「外部からたくさんの人が来ますが、買い物はしません。増えたのは買い物客ではなくて、地方の商店街や商工団体の視察ばかりなのです」

結局、この商店街は、視察の団体は呼び込むことができても、消費者を呼び戻すことはできなかったのです。

ここまでこぎ着けた苦労、投入した資金はいったい何だったのでしょうか。

商店街は不振からの脱却を目指して暗中模索を繰り返しています。

その多くは土木建設に多くの投資を必要とする、すなわちお金が動く（商店街にとっては負債を増やす）アドバイスを受け、あたかもそれが活性化の引き金になる、客を呼び戻せると錯覚を続け、改修工事を繰り返してきました。

今、例に挙げた町だけでなく全国的に見て、再構築したにもかかわらず客足の復活しない商店街を見てみますと、そのほとんどが高架なアーケードに絵柄を刷り込んだカラータイル、地域特性のまったくないデザインのきらびやかな照明設備等々、お金をかけた豪華絢爛な商店街なのです。

きらびやかな環境で商品を売る時代は、20数年前に終わっています。今は中身で勝負する時なのです。

なぜ、こんなにもアーケードを設置するのでしょうか。

きっと統一性を狙ってのことと、量販店へ行けば雨の日でも傘をさすことなく行きたい売り場へ行けるから、商店街でも傘を閉じたまま買い物ができる便利さを提供しようと考えているのでしょう。

しかし雨の時に消費者は、商店街を散歩しません。

買い物が目的の人は商店街へ出向きますが、目的がはっきりしているので、アーケードがなくても不便さは感じないのです。

雨の日は多くの消費者が量販店へ出向きます。なぜならそこには「時間つぶし」のスペースがあるからで、買い物が便利だからというのは最下位の目的なのです。

ではアーケードの恩恵を一番受けているのは誰なのでしょうか？

それは商店の経営者であり、従業員なのです。通り全体に屋根がかぶさっていると、天候を気にして商品の出し入れをすることもなく、日光でパッケージが変色することも、商品が変質することもありません。

一石二鳥と思って設置するのかもしれませんが、一石一鳥の域を出ていません。

膨大な費用がそのまま負債となる事業は、一考の余地があります。

アーケードを設置すると雨の影響を受けない利点がありますが、自然光を遮断してしまうので薄暗くなります。そこで照明設備を併設することになるのですが、この照明設備が通りのイメージアップになる代わりに、膨大なエネルギーコストがかかってしまうのです。照明に関わる電気代はばかにできません。また補修費用も定期的にかかってきます。

こうした商店街のランニングコストは会費のアップとなって商店を圧迫し、ひいては商品売価に影響を与えます。

いま日本中が陥っている不況を乗り切るポイントは、企業も商店街も同じで、いかに無駄を省くか、経費を削減するかにかかっているのです。その削減した経費を売価の値引き

通りに向かった建物の表面《おもてづら》のイメージを統一し、雨よけの庇を連ねて出入り時に濡れなくした商店街の一角。通りの中央部は飾り屋根が部分的に設置され、自然光が差し込むように造られている

に転用できるところが生き残っています。

そうしたときに、経費を増やし借財を増やす再構築案は決してやってはいけません。

誰でもそうですが、一方向に向いて考え出すと、その考えがすべてであるような錯覚に陥ります。費用をかけた再構築は絵としてイメージしやすいですから、最善の方法と思いがちですが、費用をかけずに取り組む要素は、まだまだたくさんあることを忘れないでください。

アーケードはいりませんが、傘の閉開時に濡れない程度の庇は、連なっていたほうがよいでしょう。しかし商店街の活性化に必要なもの、それはカラーロードやアーケードではなく、その商店街の魅力、すなわちオンリーワン商品であることを忘れてはなりません。

アーケードには商店街全体を覆い被せる設置と、車道を挟んで両サイドに分かれた商店街が歩道の上に設置していく方法があります。

全体を覆い被せる場合には高架に設置することが多いのですが、両サイドに分かれた歩道の上に設置されているアーケードは、そんなに高くはありません。

もしそうしたアーケードの設置を考えているならば、参考にしてほしいシーンがありました。もちろん悪い例です（良い例で紹介できる場面には残念ながらまだ一度も遭遇していません）。

道路を挟んで両サイドに分かれた商店街の多くは、時代に取り残された感が強い店舗が軒を連ねているところが多いのです。

訪れた地方都市でもそうでした。車の通行もあまりないのに、幅ばかりやけに広い道路を挟んで、両側に商店街がありました。

あとでこの車も人もあまり通らないところが、市のメイン通りと聞いて驚いたのです。

そういわれれば踏切で分断された道路の一方には、消防署や役所があったような気はしましたが、商店街を見ていますので気に留めていませんでした。

商店街は「商店街を構成する7つの要素」でお話しした「導線」（一方の集客施設と他方の集客施設をつなぐ）に沿ってつくられている場合が多いのですが、ここでは商店街が挟んでいる車道が、導線の役目を果たしていません。

T字路とT字路を結ぶ間にあって、どちらを見ても集客施設はないのです。

ということは、最初から人の流れは意識せずにつくられたのではないでしょうか。

道路を整備する時にデザイン上、両側に商店を誘致したのではないかとの印象を受けました。

やはりシャッターを閉めているところが多く、そのいずれも荒廃状況から、閉店してずいぶん時間が経過しています。

両側で営業している店舗には焼き鳥屋やかまぼこ屋など惣菜店と、職人さんを対象にした工具専門店、閉店セールで在庫品を叩き売っている店などです。

閉店セール店で商品と価格とを見比べてみたのですが、けっこうお得なものが並んでいるにもかかわらず、店内には一人の客もいませんでした。

郊外に大型店舗ができているのか確認しましたが、そうした様子もありません。

「他に商店街はないのですか？」

「ありません。市内全体に商店が散らばってありますが、中心になる商店街はありません。ここがメイン商店街なのです」

この商店街はめずらしく「何かを要因」として商店街が衰退したのではなく、「あるべき所ではないところ」につくった結果、自然消滅に向かっているのです。

ちょっと話が逸れてしまいましたので、本題に戻りましょう。

この商店街に面する歩道にはアーケードが設置されていました。

「何とかしなければ」との思いで、急遽設置したのではないかと推察できる部分がいくつもあり、これがまたイメージをおかしくしてしまっているのです。

その一つは、それぞれの店舗の外見を無視して設置したため、2階部分の店舗イメージが切れてしまっていることです。

看板もアーケードによって分断されています。

定休日ではない。何年もこの状態が続いている

売り場だけを見ているると商店ではなく、市場の一角を見ているような印象を受けるのです。こうした無神経な設置は何の意味もありません。

あと一つは、アーケードの端に手すりが付いているのに気づきました。その手すりはずっとつながっています。アーケードの切れ間から見上げますと、鉄板張りの通路のようなものが見えるのです。アーケードの屋根部分は薄く、人の重みに耐えるような作りにはなっていません。

通りすがりの人何人かに聞きましたが、何のための設備なのか皆さん知りませんでした。そうした手すりがあることすら、

アーケードのために2階より上の看板などはほとんど役に立たなくなった

気づいていないのです。

何人目かでやっとその理由がわかりました。

アーケードで建物の1階と2階が分断されたため、火災のときに2階にいる人が避難できないので設置した避難用通路だったのです。

これほどいい加減なアーケードの設置は、全国多くを見てきたといえども前例がありません。これは最悪の事例です。

## 6 〈ポイント5〉通りの幅は狭くする

### ○通りを二分する車道は買い物客を分断する

商店街はざっくりと4つのパターンに分けることができます。

1つは頻繁に車が通る車道を挟んで両側に連なる商店街で、「商店街を構成する7つの要素」で説く「導線」によって成り立っています。

2つ目は車道に添った裏通りや住居エリアに近い場所に、自然発生的に生まれて店舗が増えてきた商店街。

そして3つ目は、車の通行を排除して、商店のためにつくられた商業通り。

最後に、車と通行人、店舗の三者共存を目的としてつくられた商店街です。

最初の頻繁に車が通る車道を挟んで両側に連なる商店街のパターンは、一番数多く全国に見られます。そしてまた、一番活気をなくしている商店街でもあるのです。

このパターンが衰退している原因は、商店街を二分している中央の車道にあります。

この車道が買い物客の移動を妨げているため、同じ通りにある商店街であっても、左右別々の商店街になってしまうのです。それでも「導線」の役目が明確な頃には（たとえば駅から集客施設）、まだ左右に分かれてでも人が通りました。しかし駅前のバス停が整備されたり地下道ができると、その通りに導線としての役目がなくなってしまいますから、買い物目的以外の人が通らなくなってしまいます。

また時代の移り変わりによって、集客施設であった場所に人が集まらなくもなってしまいます。

小売店売上の80％弱が無目的通行人によるとすると、売上が落ちて当然となってしまうのです。

2つ目の住宅エリアに近い場所に自然発生的に生まれた商店街は、道路が狭く車が通る目的にはなっていません。買い物客も左右いずれの店舗にも立ち寄ることができ、目的外の商品も売れていきます。

3つ目の意識的に車を排除してできている商店街も2つ目と同じで、買い物客が散歩がてらに左右の店舗を覗きながら歩きますから、いずれの店舗も一定の売上が期待できます。

平日でも1万人以上の買い物客で賑わう商店街は、すべてこのパターンです。

最後に車と歩行者、そして店舗が共存して賑わう商店街の代表は、横浜元町商店街になります。ここは1車線／一方通行の車道が商店街の真ん中を通り抜けているのですが、通り抜けの車が通るのではなく、買い物に訪れる客が乗り入れる車が通ります。

そこで各店舗の前に1台分ずつ駐車スペースがつくられており、利用者は買い物が終わると車を動かすのです。

車が通り抜ける道ではありませんから、歩行者が散歩がてら横切ることも、一般道に比べれば格段に安全で、道路が商店街を分断しているイメージはありません。

元町商店街は、車社会とうまく共存した商店街だといえます。

しかし残念なことに、お金にゆとりがある人たちが散歩がてらに買い物する「おしゃれな」商店街を構成する店舗の多くは「我慢の領域」が多く、長引く不況の影響を受けて、一時のような盛況さは失われてしまいました。

こうして見てきますと、商店街の通りは広くてはダメなのです。

ある程度の幅があれば、狭いほどよいといえるでしょう。向き合った店舗の売り子が、互いに声を掛け合う距離感が理想になります。

まず、車の通行は止めましょう。

道幅が広い場合には狭く見せるために、それぞれの店舗が商品を展示する台を迫り出させるのがよいでしょう。ただ好き勝手に迫り出しますと統一感がないばかりか、訪れた人の歩行を妨げてしまい危険です。みんなで話し合って距離を決めることです。

店舗の位置をそのままにして通路部分のイメージをよくしながら、道幅を狭める方法もあります。

次頁の写真は、通路を分断しない高さのグリーンを中心部に配置することによって適度に通路を狭くし、賑わい感を出す工夫をしているところが参考になるでしょう。商店街全体の配色も統一され、センターのグリーンが街並みを引き立てています。通路の上にもデザイン化された鉄柱があるだけで、屋根部分はなく、アーケードにはなっていません。

ある地方都市で4車線ほども幅のある商店街がありました。

左右の店舗を遮断しない配慮をしながら通りの中央には植え込みが配置され、植え込みの間にはベンチが置かれて休めるようになっている。吊り看板と街灯でイメージを統一している。上には部分屋根がデザインされ、照明器具が設置されている

アーケードが設置され、通路もきれいなタイルが貼られていました。しかし4～5軒に1軒しか営業していないのです。その通りをトラックもバスも通っているのでした。

車道を挟んだ商店街ではなく、商店街を抜ける車道とは、いったい何を考えてアーケードを設置したのでしょうか。

商店街は、狭く車は通さないのが、活性化させるベースになります。

植え込みの目線で左右の店舗を見る

## 7 〈ポイント６〉商店街は地域のコミュニティ

**商店街の役目**は２つあります。

一つは**地元住民の生活を応援**することであり、あと一つは**地域のコミュニティ**であることが求められているのです。

### ○消費者の声を行動に移す

日本ではコミュニティの意味を単純に、共同体の表記として使われることが多いのですが、本来その意味は、「同じ地域に住んで利益をともに」し、「経済的」「思想的」にも結びついている社会のことをいっています。

コミュニティであることが重要とすれば、そのコンセプトは「地域密着」となります。

そこでその地域に住んでいる仲間である消費者が何を望んでいるかを知ることから、商店街のリストラ（再構築）は始まるのです。

全国どこへ行っても、「以前はもう少し遅くまで営業していたけど、最近店じまいが早くなって利用しづらい」といった声を聞きます。

早く閉店するとか、気に入らなければ営業しないというのは、先に記した経営者の論理であり、「自分の店」といった意識があるからでしょう。しかし各地を見て歩き実感したのは、「商店街は経営者のものではなく地域住民のもの」ということでした。

一軒一軒が地域のコミュニティづくりを目指して、こうした消費者の声を、少しずつ行動に移していくことが肝心でしょう。

## ○商店街における共存共栄

商店街の共存共栄を目指すとき、協力の仕方がわからないという声を耳にしますが、最初は商品をディスプレイとして融通しあうことから始めてはいかがでしょうか。

商店街が一体となって、トータルで消費意欲を高めるのです。

たとえばブティックならば、今まではマネキンに服を着せて、自分の店で販売している小物を飾り付けていました。でも明日からは、その服のイメージする靴を履かせ、バッグを持たせ、帽子を被らせるのです。もちろんその靴やバッグ、帽子は、同じ商店街で販売している店から借り受け、商品の説明にそのことを書き加えます。互いの店が、互いの商品をディスプレイに使って宣伝しあえば、消費者の目に留まる確率が大きくなります。

こうした飾り付けをするポイントは、そこに物語の一シーンを作り出すことです。

運動会シーズンを例として考えてみましょう。

ブティックのメインには運動会の応援に行く若いお母さんに似合うカジュアルな服が飾られました。靴は動きやすいスニーカーで、頭には日よけを兼ねた可愛いキャップを被っています。足元には食事とおやつを入れるバスケットが置かれ、その前にはサンドイッチと果物が並んでいます……。

この小さなウインドーに作られた物語は、○◎シューズショップ、◇□スポーツ、△△バッグ、○×ベーカリー、＊＊青果の協力でできており、それぞれの店が同じような（店舗によって飾り方は変わります）飾り付けをして、「○○は○○商店で扱っています」とディスプレイするのです。

この協力が進めば、商店街のイベントなどで、このディスプレイを動かして見せる（ファッションショー）こともでき、四季折々の楽しみとすることもできます。

モデルは商店のスタッフや地元のご婦人、学生などを参加させることによって、地元との密着も図れます。

## ○商店街は一休みするエリア

商店街が地域のコミュニティだとすれば、「商店主」の街並みではなく、「住民の街並み」でなければならず、地域の住民が出かけやすい街づくりがなされなければなりません。そこに必要なものは「安らぎ」と「発見」になるでしょう。

「安らぎ」は慣れ親しんだ「顔」や「声」、そして一休みするエリアにあり、「発見」は美味しい食材や目新しい商品、楽しい商品にあります。

コミュニティを形成するのに重要な役割がありながら、商店街ではめったにお目にかかれない施設が、一休みするエリアである木陰とベンチ、そしてトイレなのです。

商店街をリストラ（再構築）するならば、最初に考えることは、こうした「一休みするエリア」になります。それが地域のコミュニティとなる第一歩なのです。

年輩者に優しいエリアを目指すことがコミュニティづくりの基本となるのですが、そのためには「木陰のベンチ」と「トイレ」、そして「足に負担をかけない歩道」づくりが必要不可欠になります。

アメリカの平面的なモール（高層ビルではない）には、必ずパティオ（中庭）があり、木陰とベンチが用意され、年輩者や買い物が目的でない人であっても、散歩がてらに出かけるムードがつくられています。30年ほど前になりますが、アメリカの郊外でこうした作り方の商店街を目にした時、「これが優しい街づくり」だと感動しました。

こうした意識があってのことなのか、北陸の中堅都市の平面的な商店街で、公園風の休憩所を設けているところがありましたが、これが「優しくない」のです。

商店の間の空き地に公園が造られています。

中心部に噴水を設置し、その中心に向かって円形に窪みを造り、周囲をセメントで階段式にしてベンチ兼用としているのです。

こうした造りはデザインを優先した優しさのないスペースとなり、小一時間ほど様子を見ていましたが、利用する人は一人もありませんでした。

何が「優しくない」のかといいますと、

①　こうした形式のベンチは、年輩者が座ろうとしてしゃがむときに支えるものがなく、転びやすい

②　バランスを崩すと中心部へ向かって転げ落ち、生死の危険すらある
③　通路兼用のベンチは汚れやすく無神経な人でない限り座ろうとは思わない
④　座る場所が木ではなくセメントなので、座ると腰が冷えて身体によくない
これではコミュニティのベースにはなり得ません。

休憩スペースの例①

上の写真は、東京の郊外にある商店街の様子です。商店街の一角に小さな公園をつくり、日よけの下にテーブルと椅子が置かれています。

次頁の写真は東京23区、下町といわれるエリアにある商店街の中ほどにある休憩所で、休憩客は一方向に向かって置かれた机に向かって座り、正面には大型テレビが置かれてい

ます。年輩者の集会所のような印象を受けました。

いかにもという感じでアメリカのパティオには程遠いですが、一歩前進という感がありました。様子を見ていますと、廃業した店舗を活用していると推察できますが、これもシャッターを閉めない一つの方法だと思います。

休憩スペースの例②

商店街に設けられた公園

もう一歩進んでプチ公園的な雰囲気ができれば、若い家族も散歩がてら買い物に出かけるムードができるでしょう。前頁の写真は、商店街の奥に公園をつくった例です。その手前には花壇とテーブル、椅子が用意されています。

こうした街づくりは先に述べたように、「経営者の論理」ではなく「消費者の論理」を優先させれば実現可能です。

商店街であっても「売るため」ではなく、「出かける」ための構成・街づくり、すなわちコミュニティとしての位置づけが必要なのです。

## 8 〈ポイント7〉トイレとゴミ箱の設置

### ○年輩者・家族連れに配慮する

コミュニティになくてはならないものが「トイレ」と「ゴミ箱」になります。

年輩者が増えるといわれていながら、年輩者に優しくないのが今の街づくりなのです。

最近作り替えられた商店街では、ベビーカーや車いすが通りやすくする工夫はなされています。しかし年輩者に対しての配慮がありません。ここで記している街づくりは、「若者は来ない、年輩者が増えた」との声に対応して、それはマイナスではなくプラスであるとの考えが基本になっています。

先に記した休憩するスペースも、出かけてきた人に対する配慮の一つなのですが、トイレを用意することも年輩者に対する配慮になります。

年輩者にとって外出をためらう大きな要因は、トイレがないことですから、トイレを用意することによって出かけやすい環境を整えることになるのです。

トイレが使いたければ喫茶店やレストランに入ればよいというのは、あまりにも彼らの気持ちを理解していません。アーケードを設置したりしゃれた街灯を設置する前に、清潔なトイレを用意することです。

イメージを悪くすると思って目立たないところに設置するのは、利用者にとって不便になり、設置した意味がありません。わかりやすい場所にあってこそ意味をなすのですが、そのためにはイメージを壊さないデザインにすることも考えなくてはなりません。また出入り口が通路に面しているとイメージが悪くなりますから、少し横にずらすことも必要でしょう。しかしこの時も防犯を考えなければならないのです。
ただ「設置したから」ではなく、こうした気配りがあってこそ、客足を伸ばすことができます。

役所が管理する公衆トイレといわれる場所は掃除する頻度が低く、男性でも清潔だと感じる場所はめったにありません。そうした経緯から、女性で公衆トイレを使う人は皆無に等しいのです。

商店街に用意するトイレは、商店街のショールームだとの思いがあってしかるべきで、当番を決めて順繰りに清掃をするのです。

こうした心意気がこの章のテーマである「期待を超えたサービス」になります。価格を安くすることだけが「客を喜ばせる」方法ではないことを理解してください。

## ○「見栄え」より「清潔」を

つぎにゴミ箱について考えてください。

いくつかのファーストフード店の店頭以外で、商店街のどこかにゴミ箱を置いているところはありません。しかしゴミ箱はなくてはならない備品の一つです。

東京の郊外に、織物の集積地として一時期繁栄を極めた都市があります。

しかし経済形態の変動とともに、いつの頃からか活気がなくなりました。駅前のデパートも20数年前に潰れ、かろうじて残っている店舗も、いつ撤退するかわからない状況に追い込まれています。

この駅の北側にしゃれた作りのレンガ通り商店街があり、様子を見にいきました。

まず目についたのは、そのレンガ通りを風に乗って舞い踊るゴミの多さでした。通りはもとよりシャッターの閉まったままの店舗の入り口はゴミの吹き溜まりになり、店舗のガラスは汚れたままなのです。

営業している店の前ですら、ゴミが散らかったままでした。これでは営業している店舗にすら、入ろうという気持ちになりません。

ゴミがなければ捨てるのも躊躇《ためら》うのですが、これだけ多ければ、みんな平気で捨てて歩くのでしょう。少しのゴミがたくさんのゴミを生んでいるのです。

レンガ通りは吐き捨てられたチューインガムがこびりつき、輪をかけて不潔なイメージがしています。

こうならないためにも、ゴミ箱は必要なのです。

毎年、平日のほとんどは地方へ講演に出かけています。

いろいろな駅のホームを利用するのですが、電車を待つ人、降りてくる人、誰一人として手にしたゴミをホームに捨てる人はいません。ティッシュペーパー一枚ですら、ゴミ箱を探してそこへ捨てます。ゴミが落ちていないと、気が引けて捨てられないのです。

商店街を活性化させるためには「節約の領域」である惣菜など食料品を売る店が全体の70％以上必要だと記しました。

これらの商品からはゴミが出やすいのです。訪れた人たちが楽しく買い物をし、美味しく食べた後、食べかすの処分に困る商店街では、清潔さは保てません。

カラータイルを貼って一見きれいな通りをつくるより、ゴミ箱を用意しましょう。

しかし商店街の景観を守るためには「いかにも」といったゴミ箱の設置はよくありません。商店街のコンセプトにちなんだデザインで設置すべきでしょう。

ゴミ箱の管理も、設置した周辺の店舗が行ったり業者に委託するのではなく、トイレの管理と同様、順繰りですべての店舗がやるのです。

こうした人の嫌がる作業は、商店街全体で自分たちが担当することが大事です。

なぜなら、商店街の成り立ちのところを思い出してください。

商店街は農業漁業のように危険の共有・利益の共有から始まっていません。個の利益を追い求めてきた人たちの集合体ですから、一致団結することが非常に困難でした。もともとが共同作業を行うのが目的ではないからです。

そこで気持ちを一つにまとめて難関に立ち向かっていくきっかけとして、汚れ仕事を分担し合うことが必要なのです。

商売人は何事も金で解決しようと考えがちですが、目的は「期待を超えたサービス」を「一致団結」して行うためだと理解して、自らの手で行ってください。

巻頭にも記しましたが、病を治す方法には西洋的治療と東洋的治療があります。

特売をしたりイベントを行うのは即効性のある西洋的治療になり、その時期の売上は上がりますが継続しません（すぐに症状が戻る／悪化する）。

トイレやゴミ箱を設置するなどこうした環境整備は、起因によって悪化した周囲から治療にかかる東洋的治療になります。

それ自体が即客足を伸ばすことはできないかもしれませんが、客足の遠のいた要因を取り除き、商店街自体を健康体にする作業だと思ってください。古人曰く「急がば回れ」ですね。

## 9 〈ポイント8〉ブランド（手作り）商店街を目指す

### ○独自性が成功の決め手

「ダメな商店街」で述べましたが、どこにでも売っている商品を仕入れて、まともな値段で売っていたのでは負けて当たり前です。そこへ出向いて購入する「独自性」がないからです。

カジュアルウェアであっても惣菜であっても、できるだけその店の店主が自ら作ったものを販売するよう心がけるべきでしょう。

自ら作り出したものは他人が真似できません。どんな大手の量販店ができても、それが原因で商売がダメになることはありません。

**自分の手で作ったものは**茄子の漬け物であっても、**ブランドになります。**

ブランドの多い商店街は、元気のある商店街なのです。

全国的にデパートは低迷を続けています。その理由は「我慢の領域」である高級ブランドを主力商品としているからです。

本書で勧めているブランドとは、高級ブランドではなく「節約の領域」での差別化、オンリーワンを指しています。節約の領域は商店街を活性化させるために重要な役割を果たしますが、この分野でブランド化を果たすのは決して難しいことではありません。

**メーカーが製造したものを仕入れて売っていれば**、同じものを扱う店は他にもあるわけですから、**安いほうが売れて当然**です。どんなに大きな間口で販売していても、店名に信頼があろうとも、それらの商品を売っている限り、店舗をブランド化することはできないと諦めるかもしれません。

しかし商品で差別化することや値引き競争に参入することはできなくても、**バラ売り**を行うなど、**売り方で独自性を出す**ことができるのです。

ブランド化すなわち差別化・特異化するためには、3つの方法があります。
1つは商品が**他店では扱われていない**ものであること。
2つ目は**価格が負けない**こと。
そして最後は、**売り方が他店とは違う**ことです。

メーカーの作った商品を仕入れて売る店舗がブランド化するには、他店とは違う売り方をする以外ありません。これは非常に難しく、突き詰めれば価格競争になるでしょう。

しかし他店では扱わない、扱えない商品を売ることは簡単です。自ら作ればよいのです。

それは食料・惣菜関係、またカジュアル用品では可能です。

商店街を活性化させるのに惣菜関係の店舗が運命を決めると繰り返しいっているのは、その商店街がブランド化できるかどうか、量販店から客を呼び戻せるかどうかがかかっているからです。


貿易会社を経営していた時、某スポーツ大会の冠スポンサーになったことがあります。大会会場へ出向いて失望しました。そして二度とその大会のスポンサーにはなりませんでした。

その会場は観光道路に面していましたから、通る人たちは「何をやっているのだろう」と興味を持ち、車を止めて近づいてきます。しかしその大会は興味を示した人たちに背を向けたままのイベントを続けました。車を止めて近づいてきた労力に対しての対価（サービス）が何もないのです。これでは「期待に応えていない」ことになり、わざわざ車を止めてくれた人を裏切ることになります。スポンサーの立場からいえば、宣伝効果がありません。

商売も同じで、量販店のチラシより1円安く売っているからといって、わざわざお客は来ません。これでは「期待に応えるサービス」の域でしかないからです。

量販店へ行ったほうが他のものも安く買えると思えば、1円は魅力にならないのです。客を引きつけようと思えば「期待を超えるサービス」が必要です。価格を安く売るならば徹底して9割引で売りましょう。これなら期待を超えています。

それができないならば、自分の商品を売ることです。

量販店で売られている惣菜は、多くの人を対象にして味付けしていますから、平均値の味付けとなります。言い換えれば甘いものが好きな人には甘みが足りず、薄味が好きな人には味が濃すぎ、濃い味が好きな人には味が薄すぎるのです。

ならば、自分の店でははっきりと特徴を出した味付けにして、それを売り物にするのです。しばらく続けているとその味がブランド化します。他の店では味わえない味として消費者の中にイメージされていくのです。その味が嫌いな人は買いに来ません。しかしはっきりと固定客がついてきます。


おしゃれ小物で、6割は仕入れた商品を並べていても、4割は自分で作った作品を商品として並べましょう。おしゃれは「自分だけのもの」が欲しいのです。それを提供することによってブランド化させることができます。


こうして商店街を構成する店舗の多くがブランド化できたとき、消費者は量販店と商店街と、買い物の対象をはっきりと分けてきます。

買い置きのできるものや日用雑貨は量販店で、買い置きのできない食料や自分だけのおしゃれがしたい人は商店街へと分かれるのです。

商店街で買い置きできるものや日用雑貨を扱っている店舗は、扱い商品の変更を検討してください。何度もいいますが、メーカーが製造したものを売っている限り、量販店に対抗できません。

## ○パフォーマンスこそ最高のイベント

「普段の来訪者は少なくても、大売り出しなどの催事をやるときだけは客があるんだよね」

これは各地で聞かれる言葉です。そして、

「でも催事には金が掛かるから、そう何回もできるものではない」

と、話は続きます。

商店街の中ほどにあるＮＴＴの駐車場を開放して、催事のイベント広場が用意されました。そのステージに駆け出しのお笑い芸人が来るとのことです。

芸の無い芸人ほどつまらないものはありませんから、出かけることはしませんでした。しかし幸いというか残念というか、事務所の窓はその会場に向いていました。始まる時間を少し過ぎた頃、窓を開けて様子を見たのです。ステージの前には５～６人のやんちゃ坊主が陣取っているだけで、買い物客の姿はありませんでした。会場のセッティングや出演料などで約40万円の経費がかかったと聞きました。

40万円の経費を売上から出すとすると、普通の小売で120万円強必要です。

当然、大きな赤字を残したことになります。

外部からの集客を目的とした場合、観光地でない限り、その地域独特の商品（商店である以上、商品以外勝負する武器はありません）を明確にする必要があります。

多くの商店街では集客を目的にして、〇〇**祭りと銘打ったイベント**を行っていますが、これだけでは売上の底上げにはならず、投入資金の回収は望めません。

まして〇〇祭りには、芸能人を招聘して盛り上げようとするところが多いのですが、これも**全く無意味**なのです。

こうしたイベントは経費がかかるだけで、商店街の活性化に貢献することはできません。商店街を**活性化させるイベントには、継続性がなければならない**からです。

どの商店街もイベントといえば福引きセールや大売り出し、地域のお祭りに便乗した売り出しなどを考えますが、**とても大事な「もの」**を忘れています。

それは各**店舗独自のパフォーマンス**です。

店頭で作業をするアサリ屋さん（砂町銀座商店街）

イベントは定期的に続けないと継続したリピート客は望めません。余計な経費をかけることなく他所が真似することのできない「独自」なイベントを継続するとしたら、各店のパフォーマンスに勝るものはないでしょう。

東京・砂町銀座商店街での名物アサリ屋さんの作業工程は、どんな芸人にも負けないイベントとして道行く人の足を止め、商店街のイメージアップになっています。

このアサリ屋さんのような加工販売でなくても、パフォーマンスはできます。

横浜興福寺商店街では八百屋さんが有名です。何をパフォーマンスにしているかといえば、野菜や果物の入っていた空き箱を日よけの庇に放り投げるのがショーとなっているのです。あさり屋さんも八百屋さんも、共に平日でも1万人以上が訪れる商店街にあります。

また別の八百屋さんでは、その日の目玉商品を使って店頭で惣菜を作り、食べさせながら作り方を教えていることが立派なパフォーマンスでありイベントとなっています。主婦の多くは目新しい野菜を見ても、調理方法や食べ方がわからないのですから、親切な勧め方といえるでしょう。

駅頭などで見られる実演販売は、器具を売るためにマジックを見せたり調理を行い、その口上がイベントとなっています。

商店街でも野菜や魚などの食材を売るだけでなく、この時に同じ商店街の荒物屋さんとも協力して、その調理に使う鍋などの器具を同時に紹介していけば、他店との共存共栄を図ることもできます。

中で作業して外には見せなかった部分も、客にとっては非常に興味のあるところです。それを店頭で見せながら作業することがパフォーマンスの一つ、すなわちプロの技をショーとすることになるのです。

こうして調理を見せながら売る方法は、消費者に安心感を与えます。作る手順を見せるということは、そこにごまかしができないからです。そして見せている意識が調理場をきれいにしようとする思いを育て、衛生面でも注意を払うようになるからです。

今、食の安全が大きなテーマとなっています。安全をクリアにしながら、毎日がイベントとなるようにすれば、大型店に負けることはありません。


小さな町で昔ながらのミシン屋さんを見つけました。

表のウインドーに足踏み式のミシンが飾ってありましたから懐かしく、近づいてみたのです。その隣りでは修理職人が壊れたミシンを分解して直していました。気がつけば小一時間ほど、そこで見つめていたのです。


靴を製造販売するハンドメイドのお店でも、晴れた日にはミシンを店頭に出して製造していました。この店は坪数が極端に狭く、店内で作業するスペースはおろか、商品を展示するスペースもありません。煙突のように縦に高い建物の中に螺旋《らせん》階段があるだけなのです。壁面が商品の展示スペースとなっています。

店の外で作業をしていると、常に若い女の子がいっぱい、興味を持って店主の指先を覗き込んでいました。
数年前一世を風靡したコルクを使ったハイヒールは、この店から全国へ広がっていったのです。

東京の足立区、見沼代親水公園の商店街にある鮮魚屋さんは、焼き魚も店の奥で焼いてパックにするのではなく、パフォーマンスとして店頭でさばき、焼いて売っています。何気ない日常の作業も客にすれば面白く、香りが食欲を誘い集客の向上に結びついているのです。

荒物屋さんが刃物研ぎを請け負っていました。
ある日、小春日和に誘われたご主人は、作業場から出て日当りのよい店頭で研いていました。周りには瞬く間に子どもたちの輪ができました。そしてその子どもたちの外には大人たちが興味深くご主人の手先を見守っているのです。

このように金をかけないパフォーマンスを考えると、身近なところに大スターや芸術家がいることに気づきます。

その人たちの「腕」を活かすことも、大型店には負けない商店街のブランドを作り出す大きな魅力となるのです。

ブランド化とは差別化になります。

差別化とはオンリーワンになるのです。

オンリーワンを打ち出していけば、価格競争に振り回される危険を避けられます。

またおのおの**パフォーマンスは商品に付加価値をプラス**します。

この付加価値も**価格競争からあなたを救う**方便でもあるのです。

こうして裏の作業を表のパフォーマンスとすることによって、大型店に負けない集客ができ、同じ価格ならば付加価値がある分だけ安く購入することができるので、消費者は離れません。

出演料など外部に支払う経費がなければ、利益が増えたのと同じことになります。

長引く**不況で生き残るには**、まず**無駄を省くこと**です。

そして**消費者を楽しませる**ことです。

その結果はブランド化された商店街となって、必ず賑わいをもたらします。

## 10 商店街の明るい未来

ここに記した8つの要素を活かせばどんな商店街ができるのか、シミュレーションしてみましょう。

商店街に近づくと美味しそうな匂いが漂ってきました。板敷きの通路には子どもたちが元気に遊んでいます。

店先では自慢の腕を振るって調理に勤しむ店主の声に誘われて、大勢の人がその手先に見とれています。散歩がてら買い物に出かけてきた若い夫婦は小腹が空いたのか、通路の中ほどに用意されているベンチに腰をかけて、今買ったコロッケを味わいだしました。食べ終わった後の包み紙も、ベンチの横に準備されているしゃれたゴミ箱の中に消えました。

人ごみを楽しんでいるかのように笑顔の年輩者も多く、ゆっくりした足取りで店先を覗いています。おかみさんが笑顔で声を掛けました。

「おじいちゃん今日は一人なの？　おばあちゃんに振られたんじゃないの？」。通りのあちらこちらで見かける風景です。

木陰のベンチに腰をおろして休む年輩者の足下に、子どもが遊んでいたボールが転がってきました。年輩者は拾って子どもに投げ返すのですが届きません。立ち上がって再び拾おうとしましたが、バランスを崩して転んでしまいました。でも板敷きの通路のおかげで怪我はしませんでした。子どもはいいました。「ありがとう」。

アーケードのない空からは強めの日差しがさしていますが、通路の真ん中に用意されている木陰とベンチで買い物客は爽やかな気分で買い物を楽しんでいます。

中ほどの魚屋さんではブリのタイムサービスが始まりました。八百屋さんの店頭では魚屋さんと連携して、山積みにした大根の横で、「ブリ大根」の調理販売も開始です。魚屋さんや八百屋さんの賑わいに負けまいと、焼き鳥屋さんも試食サービスで客を呼び込みます。

ベンチに座っていた年輩者が焼き鳥屋の前に立ちました。「ネギマを1本くださいな」。

閉店が近づくにつれて、どのお店からもサービスの声が一段と高くなりました。いつの間にか通路から、子どもや年輩者の姿は消えていました。

翌朝、まだ人通りの少ない通路に、数人の年輩者の姿がありました。手には小さなバッグを握り、ベンチに腰をおろして開店を待っているのです。

## 11 戸越銀座銀六商店街を訪ねて

2010年2月の初旬、シャッター商店街が元気のよい商店街によみがえったと報道しているTV番組を見ました。その手法としてのいくつかが本書で提唱していることの実践でしたので、数日後訪ねてみたのです。そこは東京・品川区の戸越銀座商店街でした。この商店街に行くには、JR山手線五反田駅から私鉄か地下鉄に乗り換えなければならず、決して便のよいところではありません。

この商店街の特徴は、南北にのびる一本の商店街を私鉄の線路と国道とが3つに分断していることです。北から「商栄会」「中央街」「銀六会」と名付けられています。

牛乳販売店で売られている地域ブランド

駅に降り立って見渡しても、ＴＶで知った地域ブランド商品を紹介しているポスターや販売店がないため、北に向かい「商栄会」の右側を歩き、戻りは左を歩きながら確認しましたが、報道されたような雰囲気はありません。

そこでいったん駅まで戻って、南側の「中央街」から「銀六会」へと向かいました。しかし商品を販売している店が見つからないどころか、元気があるとはいえないごく当たり前の商店街でしかないのです。「銀六会」の中ほどまで行ったのですが、この先には何もないと思って戻り始めました。正直いって「一を十に伝えるＴＶ報道だったのか」とがっかりしたのです。

中央街まで戻って、店頭に立っていた女性に確認しました。そして引き返した少し先に目指すところがあることを知ったのでした。


なぜこんな経緯を長々と綴ったのでしょうか？

それは、ＴＶで地元を案内していた商店街振興組合理事長の熱意が、商店街ごとに分断されていると感じた様子を知ってほしいからです。

番組では地域ブランド「銀次郎」を立ち上げ、ワインや日本酒から洋菓子まで名前をアレンジして盛り上げているように伝えられました。

しかしこれは「銀六会」だけのことで、他の2商店街が同調しているようには感じられないのです。

地域ブランドを立ち上げ休息所を作った仕掛人は、「戸越銀座銀六商店街振興組合」理事長の亀井哲郎氏で、この「銀六会」商店街は本書第4章に記した「ロケーションに恵まれない」地域にあります。ですから「売っている店」になる努力をされています。

それに対し他の2商店街は「ロケーションに恵まれた」エリアになり、さーっと素通りしただけで「売れている店」の集合体となっていることがわかります。ですから近所で廃業するところが出てきても「自分の店には客が来ている」と危機感がなく、亀井氏の仕掛けは「目立ちたい」動きとして目障りと感じ、やっかみは持っても無視しようとしていると推察します。この受け止め方は決して特異なことではなく、一国一城の主であれば自分が一番でいたいために誰もが思うことでしょう。

しかし、頭のよい経営者なら自我を押し通す前に、誰かの仕掛けを利用して恩恵を受けることを考えるのです。

亀井氏の仕掛けは、マスコミの注目を集めるきっかけを作りました。これをチャンスとして3つの商店街が一団となって再興を目指してほしいものです。再興できたならば、またそれぞれの商店街が「意地の張り合い」をすればよいのです。

今は意地の張り合いが「やっかみ＝マイナス思考」となっていますが、再興した後の意地の張り合いは「切磋琢磨＝プラス思考」となるからです。

ここに至るには並大抵の苦労ではないことは十二分にわかるので、亀井氏にその苦労を教えてほしいと問いかけました。

「すぐに結果の出る振興策や
商店街すべてに効果的な活性化事業はないと考えています。
埋もれた地域資源や商品の力を借りて
潜在的な経済効果を生み出していくことが重要だと感じています。
私に対するやっかみは確かに存在するのかもしれませんが
あまり興味がありません。

一緒に活動してくれる仲間の店が繁盛して
エリアのアイデンティティを高めていってくれることによって
淘汰も生まれるでしょうが、顧客満足度を高めていくことに迷いはありません。

商店街はある意味
価格訴求をしないオリジナル商品や特殊なサービスのカテゴリーキラーに近い
専門店の集合体が理想だと考えています。

**既存の商店街組織を中心に考えていていたのでは消費者は置き去りになります。**

仲良く商店街活動をしていくに越したことはありませんが
プライオリティが間違っていると徒労になってしまいます。
そもそも商店街組織が必要なのか疑問に思っている張本人ですから
商店街の中では嫌われるでしょうね。

せっかく持っているネームバリューや商品力、サービスといったものを
商店街が非常に苦手なマーケティング、マーチャンダイジング、
プロモーションといったプロセスで
顧客満足度やエリアアイデンティティを高めたりしていきたいと考えています。

**商店街やお店はお客様のためにある**ということを
理解して一緒に活動してくれる方々を中心に考えていますので
組織論を持ち出す方々とはかなり衝突しますけどね。
反省すべき点は多々ありますので、今後も精進してまいります」

戸越銀座六商店街の休憩所

質問した「苦労」についての返答は避けて、心境や志を語られました。

実行している方の言葉は、多くの意味を含んでいます。

亀井氏には面会や相談、視察の申し込みが相次いでいました。

視察に訪れる方々にぜひ理解していただきたいのは、表面的な努力の結果ではなく、語られる言葉の裏からにじみ出る、その苦労と諦めない志であると思います。

廃業した店舗を改装してつくられた休憩所ですが、前に紹介したところとはイメージが違います。これは「思いつき」で準備したか、「心を込めて」準備したかの違いのように思われます。この暖簾だけでも駅の側など数ヵ所に掲示されていれば統一感が出るでしょう。駅の側にもシャッターを閉めた店が目立ったからです。

# 終章

# 利益を出し続けるために

## ○利益を出し続けるのに見落としている部分

商店街が法人化し、閉店したままの店舗を借り上げて店舗構成の変更をなし得て、地域のコミュニティ化に成功し、繁栄を取り戻したとしても、そのままではいずれ賑わいをなくしてしまいます。そうならないためには各店舗が利益を出し続けなければなりません。

当面続くであろう節約の時流の中で生き残っていくためには、「少しの利益」に甘んじなければならないのです。

そのために取り組むべき課題は、いかに「無駄をなくした」経営を行うかに尽きるでしょう。

無駄には「**無駄になる無駄**」と「**無駄にならない無駄**」があります。

無駄になる無駄とは、店舗を経営していくのに必要としない部分を指しており、無駄にならない無駄とは、直接的に利益を生むことはなくても、売上を下支えする役目をしている部分です。

「最高の贅沢とは無駄を楽しむこと」になります。

バブル経済破綻までは右肩上がりの景気に浮かれて、事務所でも店舗でも贅沢を楽しむ無駄を楽しんできました。広い事業スペースであったり、10個商品が並ぶスペースに1個だけを飾ったり、必要以上に大きな車であったり、照明器具に凝って余分なエネルギーを消費したりしていたのです。

しかしバブル経済が破綻した後、贅沢ができない時代になっても、これらの無駄は残されたままになっています。

その後現在に至る20数年は「贅沢は敵」になるのですが、その頃に作り替えた店舗には贅沢を楽しむ無駄がそのまま残されてきました。そこにはなくてもよいスペースとその維持に関わる経費が出費となっているのです。

その、なくてもよいスペースを排除することによって経費を削減する＝利益を生み出すことに挑戦してみましょう。

まず「無駄になる無駄」の排除です。

商品のディスプレイを、効率よく変えることから始めます。外から見える部分には「整然」と「雑然」と、相反する言い方になりますが、なるべく多くの商品を並べます。これは人目を引くためですから、定期的に入れ替えなければなりません。毎日ならば一層効果があるでしょう。

次は店舗を入ったすぐのスペースには大きいものを展示し、中へ向かうに従って小さいものを配置します。すると遠近法的な奥行きができて展示スペースを減らし、展示する商品の数も減らすことができることと、商品が少ないにもかかわらず、豊富にある印象を与えることができます。


営業スペースの削減は、仕入れた商品を保管するスペースや作業スペースも対象になります。仕入は回数を増やして少量ずつ行うことによって保管スペースはゼロに近くすることも可能です。商品棚を利用している場合には商品のサイズを揃えて一つの棚における段数を増やして棚数を減らしましょう。

小さくまとめることによって品出しにおける時間ロスもなくなり、照明も半分で済むようになります。

商品管理が小さくまとまると、作業スペースも小さくできます。作業スペースで意外と無駄になっているのは、使用済みダンボールや梱包材の散乱です。こまめに整理することによって、大きなスペースはいらなくなります。

店舗スペースを減らすことによって、借り店舗の場合は借用スペースを小さくしたり、小さな場所へ移転するなどによって借家経費が削減でき、それにともなって照明など電気代が大幅に節約できますから、ランニングコストを下げることになり、その分利益計上できるのです。

次に「無駄にならない無駄」の活用になります。

「無駄にならない無駄」は売れ行きの悪い商品のことです。

店舗の利益効率を追求しますと、まず考えるのは売れない商品の扱いをやめることになるのですが、やたらに減らしてはいけないのです。なぜなら、これらを展示することは「無駄にならない無駄」になるからです。

イタリアの経済学者パレートが提唱する法則を引き合いに出すまでもなく、売れない商品には大切な役割があります。

あなたが愛飲する飲料水（シェアナンバーワン）がなくなって買いに出かけたとしましょう。

左右同じ距離に自販機があり、どちらにもその飲料水は装填されています。右の自販機はその飲料水のみ専売し、左の自販機は10種類の中に含まれています。

さてあなたは、左右どちらの自販機で購入しますか？

一般的に商品を購入する場合は、種類の多いほうに行くという心理が働きますので、左の自販機から購入します。

では一番売れている商品だけを販売すればよいのに、なぜ売れ行きの芳しくない他の9品目と一緒に売るのでしょうか？　それは**売れない商品が売れる商品の下支えをしている**からです。どんなに売れ行きのよい商品でも単品で売ったのでは売れないのです。

この下支えの役目を果たしている売れない商品が、「無駄にならない無駄」になります。売れない商品は売上の下支えをしているという大切な役目があるので、絶対になくしてはいけません。

では売れないのに、なぜ客は商品の種類が多いほうを好むのでしょうか。

買うものが決まっていても「比べたい」と思う心理と、目を楽しませてくれること、そして、「もしかしたら」期待に応えるものが見つかるのではないかという楽しみからです。ならば、売れ行きの悪い商品を「無駄にならない無駄」として活用するために、努力を惜しんではいけないのです。

それは、売れ行きの悪い商品ほどディスプレイを変え、また流行を先取りした商品に入れ替えることになります。

店舗の**経営者の営業センス**は、売れている商品の売り方ではなく、**売れ行きの悪い商品を使って、売れている商品を引き立たせる売り方**に長けているか否かでわかります。

## ○経営者の論理と消費者の論理

不況でも儲ける企業や商店は、経営者の論理ではなく消費者の論理を実践しています。そしてこれも時流「節約」に則った論理なのです。

経営者の論理とは、販売のスタート前（商品の供給前）に、供給者である店舗が利益を目論み、その達成を目指して行動に移ることで、消費者の論理とは購入意欲を駆り立てる（消費者の求めているものを求めている価格で提供する）条件を先に考え、販売した結果

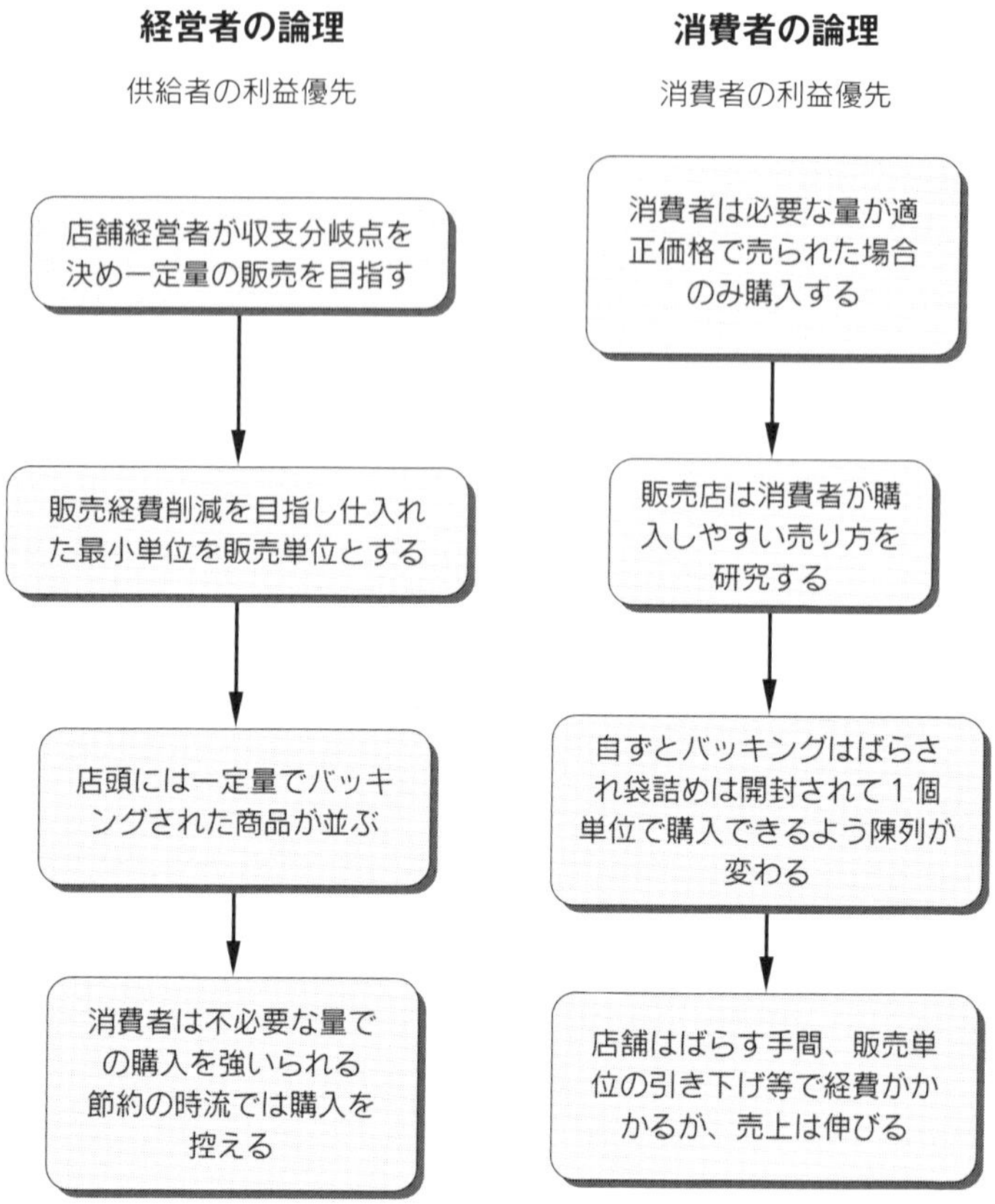
経営者の論理
供給者の利益優先
店舗経営者が収支分岐点を決め一定量の販売を目指す
販売経費削減を目指し仕入れた最小単位を販売単位とする
店頭には一定量でバッキングされた商品が並ぶ
消費者は不必要な量での購入を強いられる節約の時流では購入を控える
消費者の論理
消費者の利益優先
消費者は必要な量が適正価格で売られた場合のみ購入する
販売店は消費者が購入しやすい売り方を研究する
自ずとバッキングはばらされ袋詰めは開封されて１個単位で購入できるよう陳列が変わる
店舗はばらす手間、販売単位の引き下げ等で経費がかかるが、売上は伸びるが利益となって供給者側に還元されることをいっています。

店舗を経営している以上、常に売上計画を立て、その達成を目指すのが健全な姿勢であるといわれるでしょう。

バブル経済が破綻するまでの右肩上がりの時代には、供給者側のごり押しが黙認されることが多かったのですが、低迷期に入った頃から、供給者側が先に利益を目論むのは通じなくなってしまいました。

例を挙げてわかりやすくいえば、商品を仕入れるときに、特売できる仕入価格が1万個であったとすると、仕入れた商品を早く売りさばきたいためにケースや袋に詰めてまとめ売りするといったやり方です。

この方法では、購入者が当面使わないであろう不必要な量まで買うことになってしまうので、購入者に負担を押しつけているのです。**経済の低迷期には負担を押しつけるやり方は拒否され、その商品は売れ残ってしまいます。**

消費者の論理に基づいた場合は、消費者が必要としている量だけ買えるように、一個単位から販売することになります。

仕入れには価格に応じてロットが決まっていますから、大きな単位で入荷されます。それを一個単位にばらすのは大変な作業になり経費もかかります。しかし購入者に負担をかけることはありません。

利益のことは「手間賃」といいますね？

購入者に負担をかけない手間をかけてこそ、利益を得ることができるのです。

この方法では最初に、供給者としての利益が生まれないかもしれません。

しかし「客の利益」優先でやっている商売が失敗した例はありません。どんな景気状況の中でも生き残るためには、客の利益を優先させることなのです。


**店舗の経営者は先に自分が喜ぶことを求めるのではなく、消費者が喜んでくれた結果として、喜べる環境が守られる（店舗経営が維持していける）ことを忘れないでください。**

■著者紹介


**鈴木　健介**（すずき　けんすけ）

アントレプレナー アシストジョブ代表。アントレプレナーのアドバイザーとして起業や企業再生をフォロー。商工会議所など商工団体の講師として年間100回前後の講演を行う。経済関係の月刊誌などの依頼を受け多くを執筆。

主な著書：『カッコ悪く起業した人が成功する』（光文社）、『きょう何回ありがとうっていった？』（日之出出版）など。

E-mail：nek4703@gmail.com



2010年7月25日　第1刷発行

---

ダメな商店街を活性化する8つのポイント

©著　者　鈴　木　　健　介

発行者　脇　坂　　康　弘

---

発行所　株式会社　同友館

東京都文京区本郷6-16-2
郵便番号　113-0033
電話　03(3813)3966
FAX　03(3818)2774
http://www.doyukan.co.jp/

---

装丁　佐藤香織（市川きよあき事務所）

落丁・乱丁本はお取替え致します。　藤原印刷／松村製本所

ISBN978-4-496-04685-8　Printed in Japan